√ April, 2025

ÜNAL GÜNER

Güzellik Tohumu

Yaratımın Gücü

"Her tohum ağaç olma potansiyelini içinde taşır..."

DESTEK yayınları

DESTEK MEDYA GRUBU

DESTEK YAYINLARI: 1291
KİŞİSEL GELİŞİM: 206

ÜNAL GÜNER / GÜZELLİK TOHUMU

İmtiyaz Sahibi: Yelda Cumalıoğlu
Genel Yayın Yönetmeni: Ertürk Akşun
Yayın Koordinatörü: Özlem Esmergül
Editör: Özlem Esmergül
Son Okuma: Devrim Yalkut
Kapak Tasarım: İlknur Muştu
Sayfa Düzeni: Cansu Poroy
Sosyal Medya-Grafik: Tuğçe Budak - Mesud Topal

Destek Yayınları: Temmuz 2020
Yayıncı Sertifika No. 13226

ISBN 978-605-311-866-4

Abdi İpekçi Caddesi No. 31/5 Nişantaşı/İstanbul
Tel. (0) 212 252 22 42
Faks: (0) 212 252 22 43
www.destekdukkan.com
info@destekyayinlari.com
facebook.com/DestekYayinevi
twitter.com/destekyayinlari
instagram.com/destekyayinlari
www.destekmedyagrubu.com

Deniz Ofset – Nazlı Koçak
Sertifika No. 40200
Maltepe Mahallesi
Hastane Yolu Sokak No. 1/6
Zeytinburnu / İstanbul

DESTEK yayınları KARAKARGA BEYAZ BAYKUŞ genç DESTEK

ÜNAL GÜNER

Güzellik Tohumu

DESTEK
yayınları

İÇİNDEKİLER

III. BÖLÜM - DUYGU İZİ, DÜŞÜNCE HIZI

Hayatı Yönetme Gücüne Sahip Duygular

IV. BÖLÜM - DÜŞÜNCENİN YARATIM GÜCÜ

İnanç, İman, Duygular ve Düşünceler

V. BÖLÜM - İFADEYLE YARATIM

Frekans

VI. BÖLÜM - RUTİN NEGATİFE YÖNLENDİRİR

Aynılık Ayrılık Yaratır

VII. BÖLÜM - YARATIM HAKKI

Yedi Evrede Tohumu Ağaca Dönüştürme

VIII. BÖLÜM - GELECEĞİ TASARLAMAK

Geçmişle ve Gelecekle Barış

IX. BÖLÜM - OLUŞUM VE DÖNÜŞÜM

Denge

ÖNSÖZ

Doğanın içinde olmayı çok severim. Seyrettiklerimin güzelliği, o güzelliğin ardındaki kusursuz matematikle birleştiğinde doyumsuz bir tat verir. Eskiden doğanın içindeki düzeni ve ahengi fark edip, hayranlıkla kabul etmeme rağmen, insan eliyle oluşturulan kanunlara, kurallara, yapılara ve oluşumlara itiraz ederdim. Yaratıcı her şeyi çok güzel yaratmıştı da, insanı bozguncu ve canlılığa zarar verici şekilde imal etmiş gibi düşünürdüm. Ta ki doğanın insanın da müthiş ve yüksek matematikle doğanın bir parçası olduğunu görene kadar...

Biz bir taraftan kendi kaderimizin, diğer taraftan da çevremizdekilerin ve dünyanın kaderinin de bir parçasıydık. Doğanın yaratım, oluşum, dönüşüm, değişim ve sebep-sonuç yasaları, hayatımızda bire bir işliyordu. Hayatımı şekillendiririrken doğanın yasalarının içindeki ilahi yasaları görmezden geldiğim için uyumlanmayı hep ertelemiştim.

Her gün kader tarlama söz, düşünce, davranış ve halet ifadelerimle binlerce tohum ekiyordum. Ben de bu dünyaya ekilmiş bir tohumdum sonuçta. Her tohum gibi kendi potansiyelimdekileri meyveye ve yeni tohumlara dönüştürebilme gücüne sahiptim.

Ağzımdan çıkan bir söz tohumunun, bir elma çekirdeğinin tarlaya ekilip, meyveye yani deneyime dönüşmesine kadar hep seyrettim. Benzer tohumlar, benzer meyvelerle, benzer tohumları yaratıyordu. Öyleyse hayat bahçemi yeniden düzenlemeliydim.

Gerçekleştiğinde bana huzur ve güzel tatlar verecek olanları ayıklamaya koyuldum. Geçmişte atalarımın ektiği, vadesi dolmuş, çürümüş, eski bir sürü kökler ve kalıplar çıktı karşıma.

Önce "kıyamam" dediklerimden başladım işe. Kader tarlam eski duygu ve düşünce kalıplarından arındıkça özgünleşmeye başladım. Kimsenin bildiği tanıdığı ve kolayca bir rafa oturtabildiği varlık değildi, bu ben. Her birimiz gibi kâinatta sadece bir tane ve eşsiz olandı. Bunu bilmek, beni çok hafifletti. Tonlarca yük kalktı üzerimden.

Birilerinin onayı ya da beğenisi için değil, kendimi onaylayacağım ve kendi beğenime sunacağım deneyimler ekmeye başladım. Biliyordum ki ben, kendi elimden çıkanı gerçekten beğeniyorsam O da beğenecekti.

Seyrettiğim bu âlemde her şey birbirinin içindeydi ve hayat benden bana yansıyan bir bendi. Öyleyse bu hayata ne kadar faydalı olursam, ne kadar güzel şeyler sunarsam, hepsi bana sunulmuş olacaktı. İkilik evreninde zihnim zıtlıkları ve ayırmayı öğrenmişti. Fakat kalbimde her şeyin tekliği bilgisi vardı.

Göğsümü yarıp yarıp açtıkça tarifsiz tatlarla kucaklanıp güvene davet edildim. Güvenin basamakları akışla teslimiyetin yönünü sorduğunda "Bir Olan" deme gayretim çabasızca devam ediyor.

Bir taraftan kendi alanımı fark etmek ve ona sahip çıkmayı öğrenmek, bir taraftan da yardımlaşma ve paylaşımla gelişebileceğimizi bilmek, önceleri ikilem gibi görünüyordu bana. Dışarıda tarafsızlaştıkça yargıları bir tarafa koymaya başladıkça, ikilemler de "bir" olarak görünmeye başladı. Kazandığım bilgi ve halleri paylaştıkça yenileri ve daha güzelleri verildi. Aldıkça coştum, aktardıkça coştum. Hayatın da, hallerin de mevsimleri vardı. Kimi zaman sıcak, yumuşak... Kimi zaman soğuk ve sert...

İçerde eminlikle sakinleştikçe, dinginleşmek ve karanlığın içinde huzura yerleşebilmek, şükredebilmek, Allah'ın elinin tam da vaktinde geleceğinin güveniyle kendi merkezinde olmak...

İnsan kendi yeteneklerini dijital çağda makinelere yükleyerek, hayatı kolaylaştırıp hızlandırmanın peşinde... Çünkü tohumun içindeki yaratım bilgilerinden biri de benzerini oluşturmaktır. Makinelerin hızlı yükselişi kalabalıkları daha da fazla maddeci yaparken, kimileri de hayal edebildiklerini gerçekleştirebileceklerinin daha derin anlamlarını kavrayacak.

Teknolojilerimiz doğayı taklit ederek gelişmeye devam ediyor. Şimdi görünenin ardındaki yasaları da hayatımızda uygulayarak neler yapabileceğimizi görelim. Onayladığımız vakte kadar bu beden aracının içindeyiz. Onu ve imkânlarını sahiplendiğimiz an başlayan korku ile yaratım enerjisini ve işleyişi fark edip sahip çıkmaya dönüştürdüğümüzde güvenle taleplerimizle buluşmamız mümkün. Hazır olanlarla vaktinde buluşmak üzere, taleplerimiz sevginin diliyle sunulsun her birimize...

Ünal Güner

22 06 2020

I. BÖLÜM

TOHUM

Yaratımın Gücü

Dilek Tohumlarını Ağaca Dönüştür

Her tohumun ağaca dönüşme potansiyeli vardır
ama her tohum ağaca dönüşmez...
Tıpkı her ekilen ifadenin ve
niyet tohumunun meyve vermemesi gibi...

Her tohum ağaca dönüşmez. Her çekirdekten meyve veren bir ağaç bitmez. Ancak doğanın emeğiyle beslenen bir tohum filizlenerek ağaca dönüşür.

Senin de ektiğin her ifade tohumu meyve vermiyor bu yüzden. Her dileğin gerçeklik kazanmıyor.

Bir tohumun ağaca dönüşmesi için yedi aşamadan geçmesi gerekir. Tıpkı niyet tohumlarında olduğu gibi...

Her ifaden, kâinat tarlasına ekilen bir talep tohumudur. Dünyada insana verilen söz, talep ettiklerinin, yani hayatın toprağına ektiği tohumların meyvesinin ona sunulacağıdır.

Doğanın içindeki canlılığın oluşumu da insanın isteklerinin oluşumu da birbirine benzer yasalarla meydana gelir.

1. Toprağa ekilen her tohum köklenirse büyüyüp gelişip canlanabilir. Öyleyse köklen.

2. Toprağın içinde suyla buluştuysa toprağı yarıp filizlenebilir. Öyleyse sula ve üret.

3. Güneşle, ışıkla buluştuysa büyüyebilir. Öyleyse ateşle ve verilen gücü kabul ederek güçlen.

4. Bütün bitkiler ve ağaçlar, havayla, oksijenle ve rüzgârla yeşillenir, canlanır. Öyleyse havalandır, sevgiyle kabule geç.

5. Bitkilerin ifadesi, çiçek açmalarıdır. Öyleyse dillendir ve ifade et.

6. Meyvelerin görünür hale gelmesi dönüşümün başlamasıdır. Öyleyse görülerini aç ve dönüşüme izin ver.

7. Meyvelerin olgunlaşması, yenecek hale gelmesidir. Öyleyse yaşadığın bilgi ve deneyimlerini ruhuna ve yaşama güzel bir tat olarak sun, ruhundan geleni de içeri al.

Tüm duyguların, düşüncelerin hatta korkuların bile ifadeye dönüştüğünde bir tohum olur. Sistem açısından toprağa ne ektiğinin hiçbir önemi yoktur, neyi beslediğinin önemi vardır. Tabii ki istemediğin tohumları ekip beslediğinde, hayat bahçeni eğreltiotları, yabani otlar ve zehirli sarmaşıklar saracaktır.

Çünkü bu tohumları da sen ektin, köklendirdin, suladın, besledin, dillendirdin, emek verdin ve ağaca dönüştürdün.

Elbette negatiften beslenme ihtiyacın doğrultusunda hoş olmayan tohumları beslemiş olabilirsin, bu tamamen senin seçimin. Korkularınla, endişelerinle beslediğin tohumlar sana zararlı bitkiler olarak geri döndüler sonunda. Korkuların beslendikçe, yeni korkular getirmeye devam eder. Çünkü korku da bir tohumdur ve bu tohum da yine emekle beslenerek ağaca ve meyveye dönüşür.

"Hayat için iyi ya da kötü yoktur sadece ihtiyaçlar vardır ve neye ihtiyacın olduğunu ektiğin tohumlar belli eder."

"Olumsuzluklara ihtiyacım yoktu, korkulara, acı deneyimlere, kötülüklere de ihtiyacım yok ama hepsi başıma geldi, hepsini yaşadım, hatta yaşıyorum" diye düşünüyor olabilirsin. Ancak korkular da muhakkak bir ihtiyacı gidermek içindir. Bu yüzden hangi korkunun ya da hangi nahoş durumun arkasında aslında kendinde hangi ihtiyacını karşıladığına dürüstçe bakabilmelisin. Güzelliklerle beslenenler olduğu gibi güzel bulunmayanlarla beslenenler de vardır.

Nasıl ki kimi hayvanlar bitkilerle, kimileri etle beslenme ihtiyacındaysa, kimi insanın gıdası da olumsuz duygular ve düşüncelerdir. Kimileri ise olumlu duygular ve düşüncelerle beslenirler. Kimi karamsarlıktan, acıdan, öfkeden ve şiddetten beslenirken, kimi sevgiyle ve güzelliklerle beslenmeye ihtiyaç duyuyor olabilir. İyilik, kötülük, güzellik ve çirkinlik kavramları kişiye, kültüre ve inanç sistemlerine göre de farklılıklar gösterir.

Nasıl mı?

İsveç'te yapılan bir araştırmada deneklere hangi tipteki insanları beğendikleri sorulmuş. Çoğunluğu beyaz tenli, renkli gözlü olan İsveçliler, koyu renk gözlü, esmer, pürüzlü cilde sahip ve sert yapılı kişilerden hoşlandıklarını beyan etmişler. Koyu tenli ülkelerde de benzer bir araştırma yapılsa sonucun tam tersi çıkağı aşikârdır.

Fiziksel özellikleri değerlendirirken, bulunduğumuz çevrenin, coğrafyanın, bir şeyin azlığının veya çokluğunun etkisi altındayız her zaman. Elmasın fiyatının yüksek olması tabii ki az bulunur olmasıyla ilgilidir. Az bulunan değerlidir. Çakıltaşı sayısı kadar altından taşlar olsaydı yeryüzünde, altının bugünkü değeri çakıltaşının değerinden farksız olacaktı.

İşte bu yüzden her birimiz kendimizde az olduğunu düşündüğümüz şeye yönelirken, o anki bakış açımıza göre kendimizce "az" olduğunu düşündüğümüz şeye daha çok değer verebiliriz.

Bir gezegene ışınlandın diyelim ve burada yaşayan her insan dünyadaki filozoflar, aydınlar, entelektüeller, peygamberler, evliyalar düzeyinde olsun. Bu gezegende her birey kendini bütünün bir parçası olarak görüyor, kendinin dışındakileri de farklı tutmuyor. Herkes doğaya, hayata ve birbirine karşı son derece kibar, saygılı ve sevgi dolu... Yüksek farkındalıklı bu halleri elbette davranışlarına da yansıyor. Şimdi burada senin "iyi insan, güzel davranış, çok bilgili, çok teslimiyette" diyebileceğin bir ayrım yok. Herkes sadece bütünün hayrına sevgi üretmek için çalışıyor. Sence, bu gezegendeki değer yargıların nasıl olurdu? Kime güzel, kime iyi, kime kötü diyebilirdin?

Ya da böyle bir ortamda kendini nasıl hissederdin, nasıl yaşardın? Herkes sana bir şeyler vermeye çalışırken sen sadece alır mıydın, yoksa sen de bir şeyler vermeye çalışır, paylaşımlarda bulunur muydun?

Bu yeni dünyada "içi güzel" olan insan kavramı senin açından ne kadar da değişirdi ama değil mi?

Senin öğrendiğine göre bir şeyin değeri onun azlığıyla ya da çokluğuyla tarif ediliyor. Buna göre kendi dünyamızda güzel ahlaklı, farkındalığı yüksek, birlik şuurunda bir insan ne kadar dikkat çekici ve ne kadar özel...

Hakikatte ise değerli olanın tanımı, yaratılmış olan her şeyin tam da kendi bulunduğu yer ve zamanda en mükemmel şekliyle, orada olmasıdır. Bulunduğun yerde bakış açın, pozitif veya negatif yöndeki değerlerin, ne kadar birbirinden uzaklaşıyorsa o kadar taraf olma potansiyelin vardır.

Hz. Musa'nın aklı Hz. Hızır'ın ilmine yetmediği için, her eylemini nasıl da yargıladığını hatırla... Hz. Musa yargılamaları ve sabırsızlığı sonucu istediği ilmi almayı hak edememişti.

Her realitenin ya da hayat merdiveninde yükselişe geçirdiğimiz her safhanın farklı bakış açıları ve değerlendirmeleri vardır. Bu sebeple her realitenin bir doğrusu, tüm doğruların bir birliği vardır. İşte hakikat budur. Herhangi bir anlayışı, yolu, bilgiyi, inancı veya dini savunan bir kişi, kendi realitesine tutunmaya çalışıyordur. Onları yargılamak da yukarıdan veya aşağıdan bakmak da kendi geldiğimiz seviyeye haksızlık etmektir.

Bir takımın, akımın veya yolun taraftarları açısından her zaman hep bir karşı taraf, karşı takım ve rakipler vardır. Oysaki sistemin birliği içinde rakiplik zannedilen şey, sadece bir tamamlanma ve değer farklılaşmalarının hareket ettirici gücüyle sistemin mükemmel düzenidir.

Anneci misin, Babacı mı?

Çocukken çoğumuz "Anneni mi daha çok seviyorsun, yoksa babanı mı?" sorusuna maruz kalmışızdır.

Bu sorunun cevabını başkalarına vermekten çekinmiş olsak da bazen birine daha yakın olmaya ya da onu daha fazla desteklemeye doğru bir itilim hissetmiş olabiliriz.

Çocukluk yaşlarında verdiğin bir karar, yani annenin mi yoksa babanın mı tarafında olacağın kararı, hayatındaki birçok olayda hatta kadersel seçimlerde çok etkili olmuştur.

Örneğin, anneyle araya mesafe koymaya çalıştıysan, onu hissetmediysen hatta ondan nefret ettiysen, anne enerjisinin benzer frekansları da hayatında aynı durumda kadersel bozuşmalar yaratacaktır. Yani anneyi beğenmediğin için bedenini beğenmeyip, kendinde eksiklikler hissedecek ve kendini güzel bulmayacaksın. Bedensel sağlığınla ilgili muhtemelen sorunlar yaratma potansiyelin olacak ve geçmişini yeterince kabulde olamayacaksın.

Babana karşı öfke, kızgınlık, isyan gibi duygular hissettiysen hayatında otorite kavramlarıyla çatışmalar, geleceği planlamada zorlanmalar, dağınıklık ve düzensizlikler yaşayacaksındır.

Çoğunlukla daha fazla sorunun olan tarafa yönelip diğerini uzağa koyma potansiyelin vardır. Daha maddeci, dünyacı ya da dünyaya bağlanma ihtiyacı olanlar anneci, ruhsallığa, gelecek planlamaya, manevi hal kapılarından geçmeye ve ilahi irade kanunlarıyla işbirliği yapma halinde olanlar ise babacı olanlardır. Oysa Allah'ın yarattığı mükemmel sistemde taraf tutanlar daima bertaraf edilir ve hayat aynasında içeride dengelenebilmek için dışarıda kaçtıklarıyla buluşurlar, yargıladıkları gibi yargılanırlar.

Annesi ve babası arasındaki ya da bir erkekle kadın arasındaki ilişkide birinin tarafı olma ihtiyacı, kişinin kendi içindeki sorunuyla ya da konusuyla ilgilidir. Yani annesini ezik, ezilen, mağdur edilen bir insan gibi gören kişi kendi dişiliğini, kadınlığını, beden ya da maddi özelliklerini ezen, görmezden gelen davranış özellikleri taşıyacaktır. Babasının ya da bir erkeğin pasifliği, zayıflığı ya da korkaklığından rahatsız olan, tespit yerine yargılamalara giren birisiyse kendi ruhundaki pasiflik, yeniye geçişte zorlanma ve gelecek planlamada eksiklik içinde bulacaktır kendini.

Sadece annenin ya da babanın veya bir erkek ile bir kadının ilişkisinde taraf tutmanın hayatımıza sayısız etkileri olabilir. Çünkü anneciliğin ve babacılığın temelinde ruha ve maddeye bakışımızın temelleri, gelişmişliğimizin göstergeleri bulunur.

Erkekten şikâyet eden bir annenin çocuğuysan ve bunu sen de destekliyorsan, bu kabulden uyanana kadar şikâyet edeceğin eril prensiplerle karşılaşabilirsin. Otoriteyi temsil eden güçlerle (devlet makamları, vergi daireleri, müdür, başkan, patron ya da yönetici) sorunlar yaşaman muhtemeldir. Babanın annenle ilgili şikâyetlerinden yana bir tavır aldıysan kadınlarla, bedenle ve maddi konularla ilgili çözmen gereken sorunlarla karşılaşabilirsin. Hele bir de birini çok yakına alıp diğerini de çok uzağa yollama halindeysen, yakına aldığınla kuracağın birlikten dolayı hayatında geçici veya suni ilişkiler ya da şikâyet edeceğin ilişkiler içinde olabilirsin.

Her anne ve baba birlikte olduğu zaman zarfında birbirinin mükemmel birer tamamlayıcısı olarak bir dengeyi teşkil ederler. Diyebiliriz ki, her birimizin annesinin hak ettiği ve ihtiyacı olan tam da babası gibi bir erkekti. Her birimizin babasının hak ettiği de annemiz gibi bir kadındı. Seyrettiğin bu aile filminde, anne ve baba sembolleriyle, kendi ruhsallığına ve maddeye bakışının mükemmel yansımalarını izledin.

Benim babam iki yaşındayken, babası ölmüştü. Tek çocuk olduğu için annesi ona baba da olmuştu aynı zamanda. O da annenin tarafını tutan biri olmuştu zamanla. Babasının erken yaşta onu terk edip gittiğini düşündüğü için babasına ve otoriteye öfkesi vardı. Bu onun ileriki yaşlarında kalınbağırsak kanseri olmasına sebep olmuştu. Şükür ki son döneminde geçmişini kucaklayarak babasıyla barışıp ölebilmişti.

Kendi potansiyelini hayat aynasına aktarırken, seyrettiklerinle oluşturduğun inanç kalıplarıyla tekrar döngüleri yarattın. Düşünce kalıpların kaderin oldu.

"Ben zaten böyle olacağını biliyorum" dediğin her şey kader tohumların oldu. Bu sebeple birçok kişi kendi anne ve baba modellerindeki kişilerle eşleşti. Eşleriyle olan ilişkilerinde uyanamayanlar ise sorunları çocuklarına miras bıraktı. Şimdi onların çocukları çözüm arayışlarına devam ediyor.

Bir kadın danışanım, alkol kullanan babasını ergenlik çağında kaybetmişti. Genç yaşta dul kalan annesiyle birlikte devam etmişti hayatına. Bir kız çocuğu olmasına rağmen zorlu erkek işlerinde çalışmış, sonunda başarılı bir işkadını olmuştu. Bana geldiğinde annesiyle birlikte yaşıyor ve hayatına hiçbir erkeği alamamaktan şikâyet ediyordu. Çünkü annesi ve babası arasındaki ilişkide annesinin şikâyetlerinden yana taraf olmuş, annesini onaylayıp babasını yargılamıştı. Bu sebeple hayatına babası gibi, şikâyet edeceği erkekleri davet ediyor, hiçbiriyle anlaşamıyor, yalnızlığa veya diğer bir deyişle annesine eş olmaya devam ediyordu.

Öte yandan annesiyle babasının ilişkisinde babasının rolünü üstlenmişti, evin erkeği olmuştu. Fazlasıyla eril, sert ve katı görünümüyle dışarıda babasının eksikliğini tamamlamaya çalışırken içeride de tıpkı annesi gibi erkeği uzağa ve dışarıya koyan bir dişi tarafı vardı.

Aradaki benzerliği görünce çok şaşırmıştı. Hayat şimdi ona yargıladığı babasının rolünü yaşatarak uyandırmaya çalışıyordu.

Hepimizin annesi ve babası bizde eksik ya da fazla zannettiğiniz her özellikle, tam da birbirini tamamlayan hatta bize, bizdeki eril ve dişil prensipleri gösteren etmenlerdir.

Bu durumdaki kişi eğer erkek evlatsa, bu kez annesinin baskı ve kontrolüne ihtiyaç duyduğu için dışarıda da baskıcı ve otoriter bir eş arayan erkek modeli sergileyebilir.

Annesini ve babasını yargılama alışkanlığını sürdürenler öncelikle kendilerini suçlarlar... Suçluluk duygusundan dolayı da dışarıyı bolca eleştirip, suçlayıp şikâyet ederler.

Burada anne maddeyi, dünyayı, parayı, karanlığı, dişilerle ve geçmişle olan ilişkiyi temsil ederken, baba da ruhu, aydınlığı, geleceği, otoriteyi ve kurallarla olan ilişkiyi temsil eder.

Bu konuda tarafçılık yapan kişi, bir şeyleri üstün ya da aşağı görür, ayrımcılıklar yapar. Böylece kibir, aşağılık duygusu, değersizlik ve kompleksler körüklenir. Oysa karanlığını kucaklayamayan aydınlığı da kucaklayamaz. Bugüne kadar yaşadıklarını bir deneyim olarak kucaklayabildiğinde suçlamaları bitirir ve kabul içinde cennetinle kucaklaşırsın.

Kader tarlasına ekeceğimiz tohumların kaynağı, bizim potansiyelimiz yani anneye, babaya, maddeye, ruha ve kendimize bakışımızdan kaynaklanır. Sadece bir şeyci olmanın, bir tarafa daha fazla yakın olmanın bile dengeyi bozup hayatımıza ne kadar büyük etkilerle yansıdığını görüyoruz. Bu sebeple kimileri hayatın sunduklarından ve kaderinden memnunken kimileri hep şikâyetçi oldu. O halde şimdi gel, adım adım bütün bunları kavrayarak şükre dönüştürelim.

Hayat Aynası

Senden yansıyan bir sistemdir hayat... Aynada kendini izler gibi izlersin onu.

Ancak "aynada kendini izlemek" meselesi çok hassas bir konu. Burada durup iyi anlamaya çalışmak lazım. "Hayat, senden yansıyandır" bilgisine ulaştıktan sonra çoğunlukla aynaya odaklanır insan zihni. Aynayı değiştirince, kendinin değişeceğini düşünür.

Oysa sen ayna değilsin. Zihin kendini değil, dışarıyı önemser. Dışarıda bir şey değiştirmeyeceksin, aynadaki görüntünün değişmesi seninle ilgili bir mesele. Sorun ne aynada ne de onun yansıtma kabiliyetinde...

Açık konuşmak gerekirse aslında kendinde de değiştireceğin bir şey yok. Şu ana kadar aynada izlediğin hayat, zaten birbirini tamamlama sistemiyle oluştu. Sen zaten olanı seyrediyorsun, hiçbir eksiklik yok...

Fakat bu noktada şuna hakkın var tabii ki.

İzlediğini güzelleştirmek...

İşte bu noktada yapman gereken tek şey, içeriye yönelmek...

Şimdi geldik felsefenin ve dinlerin söylediği konuya. Hepsi temelde ne diyorlar aslında?

Kendini bil...

Kendi değerini bil...

Sen kendi değerini bildikçe, hayatın da değerleniyor.

Sen kendi değerini biliyorsan, ayna da seni kendi değerini bilenlerle buluşturuyor, böylece daha da değerleniyorsun.

"Hiç kimse beni önemsemiyor, hiç kimse beni duymuyor" yakarışları fazlasıyla yersiz yakarışlardır.

İzlediğin bu görüntüde sana değer vermeyen onlar değildi zaten sen kendindin.

"Ben önemsizim, kimse beni önemsemiyor, hakkımı vermiyorlar, on vereceğine beş veriyorlar bana" diyerek hayıflanıyorsun belki ama temelde sen zaten on almayı istemiyorsun ki.

"Vallahi çok istiyorum" diyorsundur şu an muhtemelen. Oysa temel düşüncen bu değil... Kendini beş liralık görüyorsun, on liranın fazla olduğuna sen de kanaat getirmişsin ama bu fikirle kavga etmeyi tercih ediyorsun.

Kendine odaklandığında sana verilen sistemin ne kadar değerli olduğunu anladıkça ve o değerle buluşabildikçe aynaya yansıyan şey, senin değerli olduğun olur. Dışarıdan da değer bilme haliyle buluşursun.

Bu sistem her konuda bu prensiple çalışır. Herhangi bir sorunla ilgili dışarıyla uğraşman gerekmez. Sorunu dışarıda çözmeye çalışmazsın. Dışarıda olanı izler, durumu fark edersin sadece... Buna göre değiştirmek istediğin deneyimin tohumunu eker, besler, uğruna emek verirsin. Katiyen çaba göstermezsin, sadece emek verirsin. İkisi aynı şey değil...

Çok insan dışarıyla gölge boksu yapıyor. Ne boş bir uğraş, ne saçma bir dövüş... Kimin kazanmasını bekliyor olabiliriz ki bu dövüşte?

Hayali bir çırpınış... Hepsi bu...

Şundan emin ol ki, şu ana kadar her ne olduysa sende olanın yansıdığıyla buluştun. Sistem muhteşem... Değerse değer, değersizlikse değersizlik... Aynada kendini göremeyen için hep bir uyku hali söz konusudur. Dışarıya yansıttığı şeyi gerçek zannederek bir rüyanın içinde uyumaya devam eder. Aslında sen bu değilsin, içeride bunun bir yansıtıcısı var.

Buna karşılık kişisel gelişim sistemlerine bakacak olursak, durum hiç de iç açıcı değil. Çünkü salık verilen bilgilerin birçoğu doğru değil... Zihnine başarı ve mutluluk motivasyonunu zorla empoze etmekten başka bir şey söylemiyor çoğunluğu.

İçeridekini anlamadan dışarıda verdiğin emeğin bir anlamı yok. Burası çok ince bir alan...

Bir insan uyanmak için emek sarf etmiyorsa, rüyanın içinde yaptığı hiçbir antrenman onu uyandıramaz. O yüzden kişisel gelişim öğretilerinin birçoğundan sonuç alınamıyor. Çünkü kişinin içinde bir uyanma niyeti yok...

"Uyanmak istiyorum" diye ortada gezenler, emin ol ki, uyanmanın anahtarı ellerine verildiğinde kaçacak yer arıyorlar. Yani -mış gibi yaparak, arayışta olanlar çoğunlukta...

Gerçekten bir uyanma talebin varsa bunu dillendir hatta yazılı hale getirip neyi çağırdığından bir kez daha emin ol. Sistem sana tam da istediğin gibi bir uyanış hali hazırlayıp sunacaktır. Fakat bu uyanış seni eski bildiklerinden özgürleşmek durumunda bırakabilir. Diğer bir deyişle, devrim eskiyi yıkarak gerçekleşir.

II. BÖLÜM

DEĞER

Kendi Değerini Bilmek

Hayatının Efendisi Ol

En iyi köle, köle olduğunu bilmeden çalışan köledir. Yani kullanıldığının farkına varmadan kullanılan kişi, en değerli köledir sahibi için.

Kölelik, çocukluğumuzdan beri hissettirilmeden öğretilmiştir bize. Örneğin telefonu açar, "Alo, efendim..." ya da "Buyurun..." dersin. Yani karşındakini "efendi" kendini ise onun "emrine amade" biri olarak sayar, görüşmeye de öyle başlarsın. "Buyur" der, emir ve komut almayı beklersin şuuraltında.

"Kullanılmayı, ezilmeyi ve kul olmayı, kula kulluk etmeyi bırakma" kararı verirsen, önce ifadelerinde ve kelimelerinde daha sonra da hayatında ve kaderinde kul olmaktan, kula kulluk etmekten kurtulur, kendi hayatının efendisi olma şuurunda bir adım atmış olursun.

Kararlarını kendi veremeyen bir insan, kararları başkalarına aldırır. O zaman başka bir kişiye veya başkalarına kulluk etmeyi otomatikman kabul eder. Kararlarını kendin verirsen, yani kendi hayatının yönünü, hedefini bilerek bir karar alıp adım atabilirsen, o zaman "Buyurun..." demezsin. Telefonu açtığında

"Efendim..." diyerek söze başlamazsın. Birini daha üste koyup, "efendi" kabul etmezsin.

Ben mesela telefonla arandığımda, "Dinliyorum..." derim ve bunun üzerine karşımdaki bir an için de olsa duraksar. Adeta herkes alışmış "efendim" kelimesine. Dinliyorum dediğimde genelde şaşırıp bekliyorlar bir süre.

"Dinliyorum seni..." derim bir kez daha. Ancak o zaman mecburen ne için aradıysa, anlatmaya başlar.

Sen de kendi hayatında doğru kelimeleri doğru yere yerleştir. Hangi durum ve şartlar altında olursa olsun, bunu yaptığında birey olarak kendi hayatının efendisi olabilirsin.

Kendi hayatının efendisi olan, gerçekten sadece "bir" olana hizmet eder. Kendi varlığına, özüne ve ona bağlı olana... Diğerleriyse efendi yerine koyduğu kişilere kendini kullandırır. Bu tamamen bir seçim...

Güdülmekten ve Yönetilmekten Özgürleşmek

Kararlarını senin adına başkaları alıyorsa, hayatının sorumluluğunu alamadığın için sorumluluklarını da başkalarına yıkmak istiyorsundur. İçeride kendini zayıf, düşük ve yetersiz hissettiğin için, başkalarını gözünde büyütüp onların akıllarına daha fazla değer veriyorsundur.

Başkalarıyla fikir paylaşımları yapmak, görüş alışverişinde bulunmak tabii ki kıymetlidir. Bütün olasılıkları ölçüp tarttıktan sonra başkalarının onayına ya da güdümüne ihtiyaç duymadan, kendi özgür iradenle hayatının kararlarını verebilmen, kendin olabilmek adına çok önemli bir şart...

Karar mercii olman senin kendi hayatının tahtında oturmandır, hayatının kralı olmandır. Yönetimde yaşayacağın boşluklar ve zayıflıklar, dış güçlerin iradesi altına girmene neden olur. Kendi hayatında irade gösteremeyenler, özgürlük iplerini başkalarının eline teslim etmişlerdir.

Bazen maddede aşırıya kaçmış konfor ihtiyacı, bazen aşırı yataya, tembelliğe meyletme hali, seni tahtından inmeye mecbur bırakabilir. İyi bir kral kararlarıyla halkını mutlu eder, memnuniyetleri ölçüsünde de tahtında oturmaya devam eder.

Günümüzde frekans biliminin gelişmesiyle ses, ışık ve titreşimsel etkilerle beyin uzaktan yönetilebiliyor. Beynimizdeki bazı merkezler ışığın farklı dalga boylarında kesik kesik kullanılmasıyla, seslerin hertzleri ve ritimleriyle oynanılmasıyla etki altına alınabiliyor. Hormonlar uyarılabiliyor, isteksizlik ya da istekler hissi yaratılabiliyor.

Herhangi bir konuda bağımlılığı olanlar çok daha kolay yönlendirilip yönetilebilirler. Güdüleriyle hareket edenler, daha kolay güdülür. Takıntılı olanlar daha kolay ağa takılır. Dokunulmaz kalıpları olanlar oldukları yerde kalır, aşırılıkları olanlar taşarlar.

Parayla ilgili kolektif algı, milyarlarca insanı para için çalışmaya zorlayarak bir nevi köleleştirmişlerdir. Efendinin para, konfor, yemek ya da sahip olması teferruattır. Bu algı bazen öyle görünmez şekilde hayatına girer ki patronu olduğunu zannettiğin işin kölesi yapar seni. Sahip olduğunu zannettiğin ilişkinin veya sevgilinin kulu yapar. Sevdiği için hizmet ettiğini zannettiğin ailenin, minnettarı, borçlu hisseden kölesi yapar.

Bazı anne babalar kendi soylarından aldığı mirasla, çocuklarının da kendileri gibi olması için onlara güdülme kodlamaları yükler. Bazen gelecekte kendilerine bakıcı olsunlar diye çocuklarına borçlu olma kodunu aşılarlar. Bu mirası alıp kabul edenler hayatları boyunca birilerine karşı borç ve minnet duyguları içinde güdülürler.

Soydan aktarılmaya çalışılan mirasa, mirasın ne olduğuna uyanana kadar, ailesel kodlamalar perde arkasından yönetir insanı. Hatta "Bu benim seçimim, kendi inancım, benim güzellik anlayışım" derken bile perde arkasında ailesel kodlar gülümseyerek yönetimin başında kalmaya devam ederler.

Çoğu zaman hastalık ve sorun siparişlerinde bile aile kodlamalarının etkisi vardır.

Göğüs kanseri şikâyetiyle gelmişti bir danışanım. Hastalığını iyileştirmek istiyormuş gibi yapıyordu. Hayatı boyunca ailesine ve özellikle de annesinin onayını almak ve ona kendini sevdirmek için çabalamış durmuştu. Hatta kazandıklarını ve bir tane evini de ona vermiş ama yine de yaranamamıştı. Bir sürü yeteneği vardı ve işgücüne sahipti fakat buna rağmen kendini yetersiz ve değersiz hissediyordu. Şuuraltının bulduğu son çare ağır bir bedensel hastalık ile ilgileri üzerine çekerek, kendini acındırarak sevdirmekti. Rahatsızlığıyla birlikte tüm ailesi onunla ilgileniyor, tüm dikkatler onun üzerinde toplanıyor ve sevildiği hissettiriliyordu.

Durumu ona açıklayıp şunu sordum:

"Şu anda mevcut hastalığını iptal edelim ve tamamen iyileşmiş ol. Fakat annen ve ailen de sana eskisi gibi davranmaya devam etsin. İster misin?"

Verdiği cevap çok önemli:

"Şu andaki ilgi ve sevgiden o kadar memnunum ki, inanın hasta olmaya bile değer."

Kendi değerini göremediği ve sevilmeye layık olmadığını düşündüğü için sahip olduğu "dışarının onayına muhtaçlık hissi" onu yönetiyordu. Şifası ve değerini hissetmesindeki araç yaşadığı hastalığıydı.

Belki şu an seçtiğin mesleği bile kendin seçtin diye düşünüyorsun ama annenin ya da babanın hayalini veya isteğini gerçekleştirmiş de olabilirsin, dikkatli bak. Taklit etmek de bir gelişim biçimidir fakat özgürlüğün yolu, özgünlükten geçer. Kumandanın nerede kimin elinde olduğu fark edildikçe o kaleler bir bir düşer. Kendi hayatını yöneten insanın dışarıdan beklentileri gittikçe azalır. Onaylanma ihtiyacının yerini, olanı kendine beğendirmek alır. Şu an itibariyle elinden çıkan işleri önce sen beğenip onayla. Kendinin onaylayacağı kadar güzel olan şeylerin sistem tarafından da beğenilip onaylanacağından emin ol.

Zamanın Değeri

Haydi birkaç soru sorarak başlayalım konuya...

Önceliğin nedir? (İyi düşün ve bir kâğıda yaz.)

Eğer çocuğunun, sevgilinin, annenin, babanın ya da senin dışında herhangi birinin adını yazarak işe başladıysan şunu bil ki, sen olmadığında hiçbirinin ve hiçbir şeyin bir önemi yok.

Bu yüzden "Önceliğin nedir?" sorusuna "Kendi hayatım" diyebilmelisin.

Peki, diğer soru.

Hayatının en değerli şeyi nedir?

Bu soruya "Sağlığım, işim, param, bilgim veya ailem" cevaplarını verdiysen şöyle bir karşılaştırma yapabilirsin.

Para kaybettin diyelim... Kaybettiğin parayı zamanın varsa tekrar yerine koyabilme imkânın var.

Sağlığınla ilgili kayıpların var diyelim. Zamanın varsa sağlığını da telafi edebilirsin. Fakat diyelim ki zamanını kaybettin, kaybettiğin zamanın yerine koyabileceğin hiç ama hiçbir şey yok. Öyleyse hayatının en değerli şeyi "zaman" olmalıdır.

Zaman bu kadar değerliyse zamanını ne için, nereye, neden kullandığın da çok önemli...

Zamanını nasıl ve ne kalitede kullanacağının kararı, senin kendini geliştirmişlik düzeyinle orantılı... Zamanı doğru kullanmak yatay ve dikey enerjileri, diğer bir anlamda eril ve dişil prensipleri yerinde kullanarak mümkündür. Yani, ne sürekli çalışmak, dikeyde olmak... Ne de hep oturmak, meditasyonda olmak, uyumak ve yatayda kalmak...

Her aldığın nefes için bir nefes verme eyleminin de olması gerektiğinin bilinciyle bir ritim içinde yaşadığında zaman senin için gittikçe değerlenir ve zaman kapılarının içerisinden yepyeni "an" kapıları açılır.

Zamanı Kıymetlendir

"Hedefine ulaşmak konusunda önündeki en büyük engel nedir?" diye sorsam, muhtemelen cevabın şu olur gibi geliyor:

"Yeterince güvenli bir ortamda değilim..."

Oysa sadece yeterince güvenli bir ortamda olmadığını zannediyor olman hedefine ulaşman konusunda en büyük engeldir.

"Arkamda bir desteğim yok, bana yardım edecek kimse yok, ben kimim ki, ben neyim ki?"

Bu veryansının sonu yok.

Ama emin ol durum hiç de öyle değil...

Bazen imkânsızlıkların içinden öyle hikâyeler çıkar ki şaşırmamak mümkün değil. Konfor içinde büyütülmüş çocuklar yazık ki çok daha fazla zorlanıyorlar hayatın içinde yol alırlarken...

"Arkam yok" diye sitem etme.

Allah'ın yarattığı ilahi sistem, herkesin arkasındadır.

Sana istediğini verecek bir sistemle birliktesin. Ne istediğini seçecek olan tarafsın sen...

Para, bir illüzyondur. Çalıştığında para kazandığını zannedersin. Oysaki çalışırken zamanını ve enerjini verirsin. Yani en değerli hazinelerini sunarsın... Kazandığın parayla satın aldığın her şeyi aslında zamanınla ve enerjinle elde etmişsindir.

Ödediğin şey para değil, zamanın...

Bir kıyafete "ne kadar para" verdiğini değil "ne kadar zamanını verdiğini" fark et. "Bu ayakkabıya ne kadar zaman ödüyorum?" diye sor kendine. "Bu işe ne kadar zaman verip karşılığında para alacağım? Aldığım şey bana keyif veriyor mu?"

Her şeyi yerine koyabilirsin. Sağlığını bile... Para da kazanabilirsin. Kaybettiğin birçok şeyin telafisi var. Ama zaman öyle değil. Zaman sadece verilir. Zaman alınamıyor, sadece azalıyor.

Dünyaya gelmen ve sana verilen saniyeler, elbette planlı programlıdır. İstediğinde uzatılıyor, istediğinde kısaltılıyor ama program dahilinde hedefe ulaşmak için bir yolun var.

Bu farkındalığa ulaştığında, içinden geleni de gelmeyeni de ayırt etmeye başlarsın.

"Ben bu kişiyle birlikte olmaktan keyif alıyor muyum, almıyor muyum?"

"Bu mekânda bulunmaktan zevk alıyor muyum, almıyor muyum?"

Unutma ki senin değerin, zamanındır. Değerini nerede, kiminle, nasıl kullanıyorsun ve neyi almak için kullanıyorsun, dikkat et. Bu takas unsuru, değerini belirlemende çok önemli bir rol oynayacaktır.

Çalışırken de zaman kazanmalısın. İlişkinin içinde de zaman kazanmalısın. Ayrıca kazandığın zamanı çok iyi kullanmalısın. Bir saniyeden sadece " bir tane" var. Bir daha yok...

Hepimiz her an bir takas halindeyiz hayatla.

Kıymetli bir hazinemiz var.

Zaman...

Peki, bu hazineyi nerede kullanmalıyız?

İlişkide mi, aşkta mı, muhabbette mi, işte mi?

Zaman, baba enerjisidir. Gelecekle ve hedefle ortak bir enerjidir. Sonuç odaklı yaşadığında, sonunda ulaşacağın şeyin kazanç olduğunu düşünürsün. Oysa bu da başka bir illüzyondur. "Şöyle yapıp bunu kazandığımda..." diyerek kendini kandırmaya çalışırsın.

Yaptığın işin hakkını tam olarak verebildiğinde, zamandan kâr eder ve kazanırsın. Hakkını vermek tam olarak orada bütün bir şekilde var olmaktır.

Zamanı iyi kullanabildiğimiz her yerde, kazançtayızdır.

Örneğin çeşitli öğrenmelerle yaşanan farkındalıklar sayesinde birçok konuyu tekrar tekrar tecrübe etmek yerine bilgiyi doğru şekilde kullanarak enerji ve emek tasarrufu sağlayabilirsin.

Zamanı daha iyi kullanabilmek için kullandığımız zaman da kârdır.

Bazen ruhsal bir sohbete ayırdığın zamandan kazanacağın bilgilerle zamandan tasarruf edebilirsin.

Saniyenin İçindeki Milyonlarca Yıl

Üniversite yıllarımda metafizik araştırmalar yapıp dergilere yazıyordum. Bir arkadaşımın babası, ilginç biriyle tanıştığını, öldükten dört gün sonra tekrar canlandığını, onunla mutlaka röportaj yapmam gerektiğini söyledi. Tamam dedim. Randevulaştık ve arkadaşımla birlikte sözü edilen kişinin ziyaretine gittik.

Bana anlattıklarını, size de aynen aktarıyorum:

"Doğuda gizli polistim. Kimliğim açığa çıkınca silahlı saldırıya uğradım, yedi kurşunla vuruldum. Bedenimi yukarıdan seyrediyordum o sırada. Birilerinin etrafımda toplaştığını görüyordum. Hiçbir acı ve his hissetmeden, yaşadığımı da kimseye söylemeden olanları izledim. Daha sonra yukarıya doğru karanlık bir boşluğa çekildim, hiç kimsenin olmadığı bu boşlukta önüme kocaman bir sinema perdesi açıldı ve burada bütün hayatımı film gibi izlemeye başladım. Güzel olaylar çok hızlı geçiyordu fakat kaçtığım, olumsuz olaylar ve duygu halleri sanki durdurma tuşuna basılmışçasına yıllar ve yüzyıllar mesafesinde bana izlettiriliyordu. Mesleğim gereği pek hoş olmayan eylemlerin içinde de bulunmuştum, acı çektirdiğim insanların yerinde olabilmek için onlara yalvarıyor ve onlardan helallik istiyordum.

Örneğin bir gün Beyazıt Meydanı'nda kendi halimde yürüdüğümü görüyorum. O anda hiç kimseyle bir alıp veremediğim de yok fakat tanıdığım tanımadığım, gördüğüm görmediğim, civarımda fark ettiğim etmediğim insanlar teker teker yakama yapışıp benden helallik istediler. Yok, niye çevreyi olumsuz düşüncelerimle kirletiyormuşum, yok onlara sevgi ve duayla bakmıyormuşum, niye hayattan kopuk bir şekilde ümitsizce yürüyormuşum...

Sadece bir sahnede yaşadığım helalleşme bile belki kırk asır kadar sürdü. Var sen diğerlerini düşün... Başıma neler geldi neler... Televizyonda eleştirdiğim siyasetçiler bile onlara kızıp iyilik ve güzellik için bir dua yollamadığımdan dolayı benden şikâyetçi oldular. Bence kötü gidişat gibi görünen olaylardaki rolümü gösterdiler. Hem bu durumdan kurtulmak, hem de çektiğim vicdan azabını sonlandırmak için bağıra çağıra dua etmeye başladım. Allah'a yalvardım, yakardım. Ulu kişilerden yardım istedim.

Yakarışlarım sırasında bir an boğazımı hissettim. Hırıltılar şeklinde nefes alıp veriyordum. Bedenime dönmüştüm. O sırada ben öleli dört gün olmuş, morgdaki hırıltılarımı duyanlar koşup gelmişler. Canlandığıma, hayata döndüğüme çok sevindim. Şimdi, bir karıncayı bile incitmeden, çok daha vicdanlı yaşıyorum."

Röportajdan sonra öğrendim ki aslında birçok insan buna benzer deneyimler yaşamış. Bu söyleşiyi dergide yayımlamak istediğimi söyledim ama kimlik değiştirerek gizlendiği için bu söyleşinin hayati bir riski doğuracağı için şimdilik yayımlanmamasını rica etti. Kabul ettim. Aradan tam otuz iki yıl geçti...

Anlattığı her şey, bu dünyada yaşarken oluşturduğu ahretle ilgili inancının bir yansımasıydı. Farklı anlayış ve inançtaki insanların yaşayacakları da başka olacaktır. Buna rağmen ortak tema her insanın kendi hayatından ve ilişkide olduğu insanlara karşı sorumluluklarını olumlu ya da olumsuz davranışlarla yerine getirip getirmediğinin vizyonlarıdır.

Zihin yapımız her ne kadar rüyaları, yaşadığımız olay ve beden ötesinde yaşayacaklarımızı ayrı görse de hepsinin bir birliği var.

Olay rüyasında ekilenler, inanışlar, davranışlar ve ifadelerin hasatları rüyada ve beden ötesi dediğimiz ahrette hasadını verir. Öyleyse şu anki hayatında kendi kalbinden emin, kendinle helalleşerek ve hayatı kucaklayarak yaşıyorsan rüyaların da ahretin de buluştukların da sana huzur verir.

Beden dışı deneyimlerde yaşanan zaman algısı da manasızlığın etkisiyle anlattığım örnekte olduğu gibi çok hızlanabildiği gibi yavaşlayabilir de. Bir saniye kırk asır gibi gelebilir ya da asırlar saniyenin içine sığabilir.

Ölüm ya da ölüme yakın bir deneyim gerçekleştiğinde bedenle irtibat kesildiği için, diğer bir deyişle göbek kordonu, can bağlantısı koptuğundan dolayı, otomatik imajinasyon evresi başlar. Çoğu insan kendi birikimlerini yani dünyada biriktirdiği düşünce, duygu ve davranışlardan oluşan hallerinin otomatik görüntülerini rüya gibi görüyor.

Kimi dünyadan odun toplamıştır kendini yakacak, kimi çiçek toplamıştır güzelce koklayacak. İmajinatif görüntülerin döngü hızı o kadar yüksektir ki biri bitmeden diğeri başlar. Bu imajinasyon tekrarlarından uyanıldığında daha gerçekçi realite ve şuur hallerine geçiş izni verilebilir.

Şimdi fırsat varken hayatını güzelleştir. Güzele ve güzelliklere odaklan. Önce kendini sev ve hazinende iyilik kazancınla birikimler yap. Yani, kendini suçlamak yerine kucaklamayı, cezalandırmak yerine affetmeyi, yargılamak yerine dua etmeyi seçebilirsin.

Zaman Esner

Zihninin bildiği, sayılarla hesapladığı bir zaman mevhumu var ama zaman kapısından girdiğin anda, bazen saniyeler, saatler, yıllar gibi geçmeye başlar. Böylece verim de artar. Bu nedenle "Âlimin uykusu bile cahilin ibadetinden daha hayırlıdır" denir. Orada geçen zaman, ibadetten bile daha hayırlı. Her şey değişmeye başlar çünkü...

Zamanın esneyebildiği halleri görebilenler vardır elbette. Bunun çok ötesini deneyimleyenler de var kuşkusuz. Bazen iki saniye arasında geçmişte bir ömür yaşayıp sonra her şeyi tüm detaylarıyla hatırlayarak dönenler var mesela. Kimi zaman sende de olmuştur belki... Bazen, çok kısa bir zaman içine, çok uzun zaman alabilecek olaylar sığar ya da tam tersi olur. Çok kısa sürecek bir işi çok uzun zaman sürmüş gibi hissedersin.

Ezberlerinle bu kadarını yaşadın. Ezberlerini bıraktığında neler yaşayabileceğini bilmiyorsun. Sınırların, hayallerine koyduğun sınırlar kadardır. O sınırları kaldırdığında çok şey değişecektir.

Sonsuzu bilmiyoruz ama sonsuz çarpı sonsuz vardır. Aşağı, yukarı, sağa, sola uzanan sonsuzlar silsilesi... Bu nedenle bir ayağın bu dünyaya şimdilik sağlam bassın. Toprağın yoksa iki ayağınla sıçrar ve bir daha geri konamazsın!

Bir ayağını yere sağlam basarsan, diğer ayağınla da pergel gibi kâinatın her yerini dolaşıp gelebilirsin. Kaybolmak değil, hissetmek gerekir.

İlla bu deneyimi yaşaman da gerekmez. Bu tür deneyimler yaşamamak eksiklik değildir. Herkes kendine özgü, herkes özel ve bir tanedir. Herkesin yaşam deneyimi farklıdır. Gerçeklik dediğin şey de senin gerçekliğindir. Bunları kaldırdığında zaten bir simülasyon içinde olduğunu fark edersin.

Topraklan ve ayağını yere bas. Çok güçlendiğinde sıçrayarak da gidebilirsin ama önce güçlenmen gerekir. Güçlendikçe, sistemi, mekanizmaları ve ilahi yardımı arkana aldıkça açılabilirsin ve niyetinin temizliğiyle sana yardım da gelir. Egona kapılır, hırs yapar, herhangi bir yeri küçümser, kendini bir şey zannedersen, dengesizliği yansıtırsa, sistem de senin dengeni bozacak yansıtmalar yapabilir.

Şizofrenlerin çoğunda topraklanma olmadığı için kayıp giderler. Yaşadıkları sanal değildir, onlar da kendi gerçekliklerini yaşarlar fakat üstteki durum aşağı inmediği için zamanla hiçbir gerçeklik kalmaz ve beyin artık bunu taşıyamaz hale gelir.

Önce, bu hayatın içinde ol. Bastığın yerde bulun. Bu dünyada, tam da ayağının bastığı yerde bulunmak için varsın. Burada olmadan kapılar açmaya kalkışırsan, savrulursun.

Kendinle ilgili yanılsamaların içinde olmak, kendini başkalarından daha kıymetli zannetmek, herkesin özel olduğunu unutmak, herkesin bu dünyada aynı yasalara tabi olduğunu unutmak, seni hataya sürükler. Sistem herkese eşit işler. Herkes bolluktan faydalanır. Sistem içinde adaletsizlik yoktur ama sen ne kadar kendini biliyor ve o yasalardan faydalanabiliyorsan o kadar alabilirsin.

Yeri gelmişken bir hikâye anlatmak isterim:

Adamın biri ölmüş ve cennete gitme hakkı kazanmış. Hikâye bu ya melekler de onu karşılamışlar, cennete gitmek üzere yola koyulmuşlar hep birlikte.

Cehennem kapısının önünden geçerken adam "Burayı da çok merak ediyorum, bir iki dakika görsem olur mu?" diye izin almış ve kapıdan içeri dalmış.

Bir de ne görsün, çok büyük bir kazan, etrafında bir sürü insan ve kazanın içinde türlü çeşitli güzellikte yiyecekler... Herkesin elinde derin kazandaki yiyeceklerden alabilmek için uzun kaşıklar.

Kaşıklarla yemekleri alıyorlar ama bir türlü ağızlarına götüremiyorlar çünkü sapları çok uzun...

Büyük bir kaos yaşanıyor orada. Kavga gürültü, önce ben yiyeceğim tartışmaları, bencillik savaşları. Güzelim nimetlerdense kimse faydalanamıyor...

Adam meleklere dönerek "Beni hemen cennete götürün" demiş. Bir an evvel kaçmak istemiş buradan.

Cennetin kapısından girdiğinde müthiş bir huzur, sessizlik ve sakinlik içinde yine kocaman bir kazan görmüş... İçi nefis yemeklerle dolu...

Fakat burada bir fark var...

İnsanlar kazanın içinden aldıkları güzel yemekleri, uzun kaşıklarla karşısındakine uzatıp yediriyor. Herkes birbirini beslemekten, karşısındakine daha güzelini vermekten dolayı çok mutlu... Kendi karınları da doyuyor tabii...

Dolayısıyla her an hayatını cennete çevirebilmek, şimdi ve burada kendi elinde.

Zaman enerjisini doğru yerde, doğru şekilde kullanarak, seçeceğin yönlerde, gerçekten mutlu olacağın, hesap kitap yaparak değil, mutlu olup buluşacağın halleri ısmarla. Eğer kafanın içinde hesaplar varsa, sistemin çok güzel bir mekanizması vardır ve hep çalışır. Hesap yapana hesabı ödetir çünkü onu yansıtıyorsun. "Şunu yaparsam bunu kaybederim, böyle yapayım..." dersen, üstünü çizer.

Tabii ki hayatında planlamalar, programlamalar olmalıdır. Fakat bunların içinde önyargıyla, korkuyla ve endişeyle yaptıklarını sistem sana ödetir. Onun için öngörünü aç ki önyargın kapansın. Eğer öngörünü açmıyor, gelecekle barış halinde ilerlemiyorsan, bugüne kadarki korku ve endişelerini güdüp onları gerçekleştirecek sistemi hayata yansıtırsın. Odaklandığın şey hesaplarındır ve korktukların vardır. "Böyle yaparsam şöyle olur..." dersen olur. "Bundan uzak durayım..." dersen, o sana kendi gelir.

Hesap yapmayı bırak ve ne istiyorsan, ona odaklan. Zaten istediğin gibi olacaktır. "Bu şekilde olmasını istiyorum ve olması gereken durum neyse, o olacak..." demesini bil. Proje yap ama hesap kitap yapma.

Kalbin ne istiyor, ona kulak ver. Önemli olan senin dönüşmen, senin rahat olmandır.

Minnet, Şükür, Borçlu Hissetme

Herhangi bir konu veya yaşadığı halle ilgili çoğu insanın kalıpları vardır. Minnet de bunlardan biridir. "Birisi bana bir şey yaptı. Ben ona borçluyum ve bu borcu ödeyeyim..." diye düşünürsün. Annene, babana, çocuğuna hatta var oluşuna bir borcun yoktur. Çünkü sistem borç sistemi değil, alışveriş sistemidir. Bu nedenle borç ya da minnet değil, "şükür" olmalıdır hayatında.

Minnetin arkasında medet ve borçluluk vardır. Yetersizlik, değersizlik vardır. Oysaki sen onun suretinde yaratılan bir varlık olarak buradasın. Böylesine değerli bir varlığın değersizliğini konuşmak ayıp olur. Borcunu ve minnetini konuşmak da ayıp...

Minnet ve borçluluk gibi zihinsel kalıpların, seni bir alanın içinde tutar. Bunu fark ettiğin an, duygu barkodlarına gidip baktığında sebep ve ihtiyacı fark edip dönüştürmeye izin verdiğinde "Ben şimdi minnet duymayı bırakayım..." diyebilirsin. Aslında her an hareketli olup her an yeni bir olaya bakması gereken tarafın katılaşmış, buz tutmuştur. Şimdi oraya ışığı verdiğin için eriyor.

Bunu hayatındaki diğer konularla ilgili de yap. "Ben kendimi neden anneme karşı borçlu hissediyorum? Annemdir, evet, bana çok güzel emek sarf etti, baktı. Tamam da kim için yaptı? Ben değil de başka bir çocuk olsaydı yapmayacak mıydı? Bir çocuğu sahiplenmek için yaptı her şeyi ve ödülünü aldı. Ben de ödülümü ondan aldım. Ona çok saygı duyuyorum, hürmetim var ama borçlu değilim. Herkes hakkını alır ve razı olur..." demesini bilmek gerekiyor.

Böylece sağlıklı bir alışveriş için güzel bir duyguyla iki taraf birbirini beslemeye başlar. Anne, "Sen de bana bakacaksın..." diyeceğine zaten Allah'ın korumasında olduğundan emin olur. Sen de annen için, "Ben olmasam ne yapar ya da o olmasa ben ne yaparım?" düşüncelerini bırakırsın ve borçlu olma hissin biter.

Bu mecburiyeti koyan, kalıplardı. Şimdi o kalıpları kırma zamanı geldi. Anneni bugüne kadar gördüğünden farklı görüyorsun artık. Borçlulukla değil senin için bir şey yaptığı için değil, varlığını seviyorsun. Bir anlaşmayla geldin buraya ve karşılıklı selamlaşıyorsunuz.

Helalleşme, Affetme, Affedilme

Şu sözleri çok işitmişsindir ya da belki sen de çok sarf ettin. "Pişmandım. Af diledim, affedildim..."

Affedilme, helalleş. Affetmek ya da affedilmek değil, helalleşmektir iyi olan. Çünkü sadece kendini affedebilir, bağışlayabilir fakat başkalarıyla yalnızca helalleşebilirsin. Burada asıl anlaman gereken konu, o ana kadar, o hale ihtiyacın olduğudur. Pişmanlık ve suçluluk varsa her zaman cezalandırıcı bir Tanrı inancı vardır. Evde otorite kişi kimse anne ya da baba, eril enerjiyi veya Tanrı'yı da o sembolize eder. Eğer o baskıcı, cezalandırıcı ve çok kural koyucuysa, katı cennet-cehennem kavramlarına, bol ceza ve suçlamalara ihtiyaç duyulur. Kontrolcü ailelerin çocukları kontrol edilme ihtiyaçlarını ileride de eşleriyle devam ettirmek isterler. Anne babası tarafından suçlananlar kendilerine suçluluk kodları aldıkları için bu suçluluk hissiyle dışarıyı çokça suçlar ve eleştirirler. Bu da kendini yetersiz görmenin diğer bir ifadesidir. Kendini eksik ve hatalı görmenin bir diğer ucunda mükemmellik duygusu yatar. Mükemmellik bir taraftan iyinin engelleyicisi bir taraftan da sığlık oluşturur.

Olanın iyi olmadığı ve sürekli daha iyisinin olabileceği ile seni oyalayabilir. Oysaki her yaptığın o ana kadarki potansiyelinle yapabileceklerinin en iyisiydi ve en iyi seçimdi. Bazı kişiler "Bugünkü aklım olsaydı şöyle yapardım" ifadesi kullanırlar. Oysaki bugünkü aklı getiren şey geçmişte yaptığı ve şimdi onaylayamadığı ve hata zannettiği o deneyimdir işte.

Öyleyse eksik görülen eylem kişiyi akıllandırarak görevini yapmıştır. Bu sebeple "İyi ki o zaman şöyle yapmışım, şimdi bu deneyimimin bana kazandırdıklarından dolayı bambaşka bir haldeyim ve çok farklı davranışlar sergileyecek bir akla ulaştım" diyebilir.

Çocuk yaşta suçla ve cezayla korkutulanlar ileri yaşlarda cezalandırıcı ve kırıcı olabilirler. Belki günün birinde suçlama ve cezaya da ödül ve mükâfata da olan ihtiyaçlarımız tamamlanarak nötrleşir, yepyeni gözlerle hayatı olduğu gibi severek kucaklayacak hale gelebiliriz. Bu kodu devam ettirmek isteyenlere, ihtiyaçları olan cezalandırılma devletten, patrondan, vergi dairesinden, hocasından ya da Tanrı'dan bir şekilde gelecektir.

Her buluştuğun şey seni memnun etmemiş olabilir çünkü ya çağırdığında orada olmamışsındır ya da ihtiyacın olduğunu anlamamışsındır.

Kişinin çağırdığı, zaten buluştuğudur. İnkâr eder, "Ben bunu istemedim!" der ancak deştiğinde, aslında tam da buluştuğunu istediği ortaya çıkar. Sistem herkesi desteklemek için vardır. Tabii ki belli realiteler korkuyla çalışacaktır. Korku da boş yere değildir. Kimi Uzakdoğu ülkelerine gittiğinde, "İyi ki ağır cezalar var!" demekten kendini alamazsın. Bu ceza korkusu da olmasa, insanlar neredeyse birbirini öldürecektir. Hiçbir şey sebepsiz değildir ancak her bilgi herkese göre değildir. Herkes kabının yettiği kadarını alabilecektir.

İbadet Yatay Bir Enerji midir?

Dünyada gördüğümüz, bildiğimiz her şey maddedir. Burada neyin ne işe yaradığını, neyi nerede kullanacağımızı anlamamız ve bilmemiz gerekir.

Kimileri "Aman her şeyi durduralım, bomboş olsun, huzur bulalım..." diye düşünür ve birtakım kişisel tekniklere başvurur. Oysa meditasyon ve ibadetler negatiftir, yataydır, dişildir. Seni durağanlaştırmak içindir. Bu elbette kötü değil, ancak fazlasıyla yatay enerjiye geçersen, ya kazalar, ya hastalıklar ya da başka musallat deneyimlerin verilmesi an meselesi olacaktır. Çünkü aşırıya gittiğinde mutlaka dengeye çekilmen gerekir. Nepal, Tibet gibi çok ibadet edilen yerlere bak lütfen. En fazla kanın döküldüğü yerlerdir. Buralarda ibadette aşırıya gidenler pek de huzur bulmuyor.

Tapınaklar, ibadet yerleri ve mezarlıklar çoğunlukla yin alan dediğimiz, yatay enerjinin, dinginliğin hâkim olduğu yerlerdir. Bu sebeple buralara komşu işyerin ya da evin olduğunda, fazla yatay (negatif) enerjiye ihtiyacın olduğunu okuyabilirsin. İbadethaneler ve ibadetler seni dinginleştirerek kendinle buluşmaya sevk eder.

Sakayamuni isimli bir prens, yani Buda, babası tarafından çok özel bir koruma ve inisiyasyonla yetiştirilmekteydi. Evli ve genç bir erkek olmasına rağmen sarayın dışındaki hayatı tanımıyor, bilmiyordu. Hiç hasta ve yaşlı insan görmemişti. Çünkü babası onun her zaman sağlıklı ve genç olunacağı inancıyla yetiştirerek imajinasyonun temiz kalmasını istemişti. Eğer sürekli genç ve diri kalmaya oğlunu inandırabilirse, inandığı onun kaderi olacaktı. Tesadüf bu ya bir kutlama sırasında Sakayamuni, törene sızmayı başaran çok yaşlı bir çift gördü. Büyük bir merakla yanlarına gidip onları inceledi. İnsan bedeninin zamanla böylesine yıpranabildiğine ve kırışabildiğine ilk defa şahitlik ediyordu. Bildiği, inandığı pek çok şey yıkılmıştı o an.

Gizlice saraydan çıkıp dışarıdaki sefilliği, hastalıkları ve yaşlılığı görünce tüm dünyası değişti. Saraydan kaçıp tek başına uzaklara gidip hakikatini aramaya koyuldu. Yıllarca bedenine eziyetler ederek sınırlarını zorlayarak bazen aç, bazen susuz, bazen de işkenceler yaparak kendini eğitmeye çalıştı. Bir bodhi ağacının altında yıllarca süren meditasyonlar ve arınma çalışmaları yaptı. Sonunda bir aydınlanma yaşadı. Benzer eziyetleri kendi bedenlerine yapan arkadaşlarına bu kadar zulme gerek olmadığını anlatmaya çalıştı ama hiçbirini ikna edemedi.

Sakayamuni sonunda şu sözleri sarf etti:

"Ben gördüm, fark ettim ve aydınlandım, nirvanaya ulaştım. Şu ana kadar benim gittiğim yoldan gitmenize gerek yok. Şimdi size nirvanaya ulaşmanın kolay yolunu göstereceğim. Sekiz tane yol var. Ancak, bu yollarda aklını doğru kullanman gerek."

Akıl dediği kalptir aslında. Çünkü kalple akıl birdir.

Burada söylemek istediği şey tam olarak şudur:

Hayatının içinde bir denge kur. Duygu ve düşünce içinde denge kur. Hiçbir konuda aşırıya gitmeden ama hayatındaki her şeyi kucaklayarak, şu ana kadar sana verilen ne varsa, her birinin ihtiyacın olduğu için sana verildiğini hatta senden yansıyarak seyrettirildiğini hissederek kucakla. Bu kucaklama halinin adı kabuldür. Bu kabulün yarattığı etki cennettir. Cennetine gir, bu hayatının içinde huzurlu ol. Huzurlu olduğun süre içinde, zaten huzurunda olursun...

İslam'ın peygamberi Hz. Muhammed de "Ben güzel ahlakı tamamlamaya geldim" diyerek yapılan ibadet ve eylemlerin insanı yüksek ahlaki vasıflara ulaştırmak için olduğunun bilgisini aktarır. Bu sebeple " İslam olmak" demek selamette olmak demektir. Bu yolda olmak için gereken şart ise "ol"anın en mükemmel şekliyle yaratıldığının, onun bütünlüğünün ve birliğinin şahitliğini kabuldür. Şahitlik, geçmişten getirdiklerinin ve eski bildiklerinin şahitliği kabul edildiğinde gerçekleşir. Yani, eskide "öl"emeyen yenide "ol"amaz.

III. BÖLÜM

DUYGU İZİ, DÜŞÜNCE HIZI

Hayatı Yönetme Gücüne Sahip Duygular

Duygu Barkodu

Çok insanın hayatını aklı, zihni, beyni yönetiyor gibi görünse de perde arkasında çoğunlukla duygular yöneticidir. Duygunun ne olduğunun cevabını vermeden, hayatının yönetimini eline alamazsın. Duygu, birçok konuda hayatını yönetip senin adına, sen gibi davranarak, karar mercin olur. Hayatındaki birçok eylemin başaktörüdür.

Kendine şu soruları sor:

Duygu ne işe yarıyor?

Duygu olmasa olmaz mıydı?

Duygu, bedende ve maddede olduğunu hissettiren şeydir. Bir tür barkod sistemidir yani. Beden imalatında hiçbir şey tesadüf değildir ve her şey bir matematiğe uygun olarak aktarılır. Bu matematik içinde neyin ne işe yaradığını bildiğinde kullanım kolaylığı ortaya çıkar. Ne işe yaradığını bilmediğinde ise atıl durabilir. Bir de bakarsın ki perde arkasında seni duygular yönetiyor.

Bir şey yaşadığında o deneyim, duygu defterine yani anı defterine kaydedilir. Bir olay yaşanmamışsa kayıt da yoktur. Bir olay yaşadığında duyuların yoluyla sinir sistemimize yaşadığın duygular kaydedilir. Bunlar tıpkı bir barkodlama sistemi gibi, benzer bir durumla karşılaştığında nöronlara aktarılmış yazılımlardır.

Bedenin ve duyuların kendini koruyabilmek veya öğrendiği tepkiyi verebilmek için bu yazılımları yani duyguları devreye sokar. Öyleyse, yaşadığımız her olay aynı zamanda bir duygu izi olarak da bedenimizde kayıtlıdır. Kayıtların derinliği, yüzeyselliği veya devam ettirme çabamız kadersel yaratımlarda çok önemli bir rol oynar. Bazen yaşanan bir olay travma etkisi yapmış ve çok derinleri etkilemiş, bazen de kendini gizlemiş olabilir.

Basit bir örnek vermek gerekirse, küçük yaşta gittin, ateşe elini soktun ve yaktın diyelim. Şiddetli bir acı duygusu oluştu. Sonraki süreçte elde ettiğin o duygu seni yönlendirmeye devam eder. Böylece bir daha elini yakmazsın. Çünkü bir kere tecrübe ettin ve artık o duygu, anı defterine kaydedildi. Acıyı öğrenmen elbette faydalıdır bu yüzden.

Ne olduğunu bilir, sonraki yaşamında bu tecrübeye göre ateşten korunmak gerektiğini biler, ona göre de davranırsın. Bazen benzer bir olay sevdiğin birinin başına gelir. Bu sayede kendini ve yakınlarını korursun.

Soğukta kaldın ve çok üşüdün diyelim... Ellerin, kulakların, ayakların dondu. Bunu tecrübe hanesine yazarsın ve bundan sonra soğuk havalarda daha sıkı giyinirsin, önlem alırsın. Ancak asıl mesele şudur.

"Ben artık soğuğa pek çıkmayayım. Soğuktan kendimi koruyayım..." diye başlayan kayıt "Sıcak bir yere göçeyim. Evimi taşıyayım..." düşüncesine kadar gidebilir zamanla. Yani bir duygu, hayatını değiştirmeye, alacağın bir kararda önemli faktörlerden biri olmaya başlayabilir. İşte orası, duygunun seni yönettiği noktadır.

Duygulara Duyulan İhtiyaç ve Duygusallıktan Özgürleşme

Duygu zenginliği tabii ki duyu yoksunluğundan daha iyidir. Yaşadığın olayların içinde kendini ne kadar yoğun hissedebiliyorsan buradaki duygulanımların da o nispette derin olacaktır.

Peki, duygu zenginliği kıymetliyse bizim özgürleşeceğimiz şey ne olmalı?

Duyguları geliştirdikçe, çoğalttıkça duygusallıktan özgürleşmeliyiz. Duygunun bir şahidi olmak, onu yönetmek, duygu selinin içinde kontrolsüz olarak akmak, duygusallıktır.

İster pozitif olsun, ister negatif, aşırıya giden duygu coşkuları duygusallığı doğurur. Gelişim yolundaki insan açısından kendinin sadece duygudan ibaret olmadığını öğrenmesi çok önemli farkındalık seviyesidir. Kendini ve duygularını ayıramayanlar duygusallığa mahkûm olurlar. Çünkü insan ne sadece düşüncedir, ne bedendir, ne de duygudur.

Şu an kendine bir soru sor:

"Ben neyim?"

Sonra ellerini uzatıp bak. Sen bu el misin? Parmaklar, tırnaklar... İstersen şimdi bir de gidip aynada yüzüne ve bedenine bakabilirsin. Ne kadar tanıdık, ne kadar yabancı? Gerçekten bunlara bakıp, "Bu benim" diyebiliyor musun? Şimdi bir de yaşadığın duygulara bak. Bir korku, bir sevinç ya da neşe anındaki haline bakıp "Bu benim" diyebiliyor musun?

Sen, ne yaşadığın o duygularsın, ne sadece et ve kemiksin.

"Benim" diyebildiğin çok daha içeride ve içeriden, içeri ve dışarı bakabilen bir şey. Yani bedeni de, duygu ve düşünceleri de kullanabilen bir şey. Öyleyse duygular senin üstünde değil sen duyguların ötesinde ve üstün olansın. Bunu fark edebildiğin ölçüde fiziksel, duygusal, zihinsel ve ruhsal özelliklerin sana hizmet eder.

Bazıları duyguları yönetebilmeyi duygusuzluk sanıyor. Duygular tarafından yönetilmeyi de duygu zenginliği, hassasiyet veya iyi insanın bir özelliği gibi kabul ediyorlar.

İki uç da gerçeğin karşısındadır. Duygularından hizmet alan hayatın ince zevkleriyle buluşur. Duygularına şuuru ile yön verebilen buluştuklarından huzur duyar.

Mevcut olan bütün duygu türleri bize hizmet eder. Hatta pozitif veya negatif zannettiklerin dahi yerindelik prensibine göre sana fayda verir. Öyleyse kaçılacak, değiştirilecek ya da düzeltilecek durumlar değil sebebini anlayıp, hizmetini alıp özgürleşeceğimiz duygu halleri var diyebiliriz.

Şimdi birlikte olumlu ve olumsuz olarak nitelendirilen duyguların durumlarını inceleyelim.

Öfke

"Benim dediğim gibi olsun" dediklerimiz, kontrol etmeye alışıp da kontrolden çıkan olaylarımız, onayımız dışında bizden bir şeyin alınması, alanımıza girilmesi ya da alanımıza zarar verilmesi öfke duygusunun ortaya çıktığı anlardır.

Öfkeyi kızgınlık besler. Bedende ve diğer duygu alanlarında hareketi ve ateşi arttırır. Bu özelliğiyle hayatlarında bir alanda durağan, yatayda veya tembellik etmekte ısrarcı olanlar harekete geçebilmek için ateşleyici bir güce ihtiyaç duyarlar ki onun adı öfkedir.

Öyleyse öfke bu haliyle kendisi negatif bir duygu olmasına rağmen, negatif bir durum olan tembelliği ve yatayda olma halini dikeye geçirmek için pozitif bir görev yapar.

Bununla birlikte bedene, ilişkilere ve diğer duygu hallerine de zarar vermeyi sürdürür. Beş element sistemi ile ilgili yazı ve videolarımdan da hatırlayabileceğin gibi öfke, karaciğerle bağlantılıdır ve ağaç elementini temsil etmektedir. Diğer bir deyişle ateşin oluşabilmesini ve güçlenmesini sağlar.

Yüzündeki sivilcelerden kurtulmak isteyen bir danışanım bir sürü ilaç, takviye ve krem kullanmasına rağmen kısa süreli iyileşmeler gösterse de rahatsızlığının devam ettiği şikâyetiyle bana gelmişti.

Sivilceleri de dahil olmak üzere bedenindeki tüm iltihaplanmalar karaciğer organıyla, dolayısıyla duygu açısından da öfkeyle bağlantılıydı. Bir iki sorudan sonra içindeki yoğun öfkelerden de söz etmeye başladı. Ailesinin baskısına öfkeleniyordu, okulda istediği başarıyı alamamasına öfkeleniyordu, çevresine ve arkadaşlarına karşı da öfkeliydi ama en önemlisi kendini yetersiz hissettiği için kendine karşı çok öfkeliydi.

Öfke duygusu artık cildinden bile taşar hale gelmişti. Tabii daha çok öfkelenebilmek için karaciğerine daha fazla zarar vermesi gerekiyordu. Karaciğerini daha fazla hasta etmek için de daha fazla asitli gıdalar, kimyasal içerikli zararlı yiyeceklere eğilimi vardı.

Öfke duydukça öfkeli sözcükler kullanıyor, öfkeyle "ol" dedikçe onu öfkelendirecek olaylar da hayatında çoğalıyordu. Aslında ahenkli bir kadersel alışverişin içindeydi. Fakat şimdi sorunlardan beslenme döngüsü onu rahatsız etmeye başlamıştı. Sorunlarının kaynağı öfke gibi görünse de aslında içeride ilerlemeye, gelişmeye, eskiyi bırakıp yenilenmeye karşı oluşturduğu dirençlerden dolayı yataya geçmiş enerji durumunu harekete geçirici bir güce ihtiyacı vardı.

Şimdiye kadarki şifacısı öfkeydi. Eğer neden harekete geçmek durumunda olduğunu anlayabilirse, tutunduğu geçmişi bırakmaya cesaret edebilirse, eylemi başlatabilir, içeride hareketlenebildiği için, dışarıdan da hareket ettirici, ateşleyici güce duyduğu ihtiyaç azalırdı.

Ona bir gelecek planı yaptık. Zevk alacağı, tat alarak ilerleyebileceği ve buluştuğunda onu coşturacak bir gelecek onu kendine çağırdı. Diğer bir deyişle kemendini geleceğe attı ve yakaladığı yeni hedef planlarına doğru kendini çekmeye başladı. Bu hareket bugüne kadar onu öfkeyle harekete geçme dürtüsünden sevinç ve neşenin coşkusuyla hedefine doğru ilerleyişe geçmesine sebep oldu.

O güne kadar ateşleyici bir güç olarak negatif bir duygu seçmişti. Eyleme geçme farkındalığı kazanılınca bu kez ateşleyici olarak pozitif bir duygu olan sevinç ve neşeye geçilmişti. Üstüne bir de gelecek planları güncellenince iyileşme de sağlanmış oldu. Yani öfkeyle kavga etmek yerine öfkeyle barışarak hatta onu kucaklayarak, hizmetlerini kabul ederek, bize sunduğu faydayı alarak ondan özgürleşebiliriz. Böylece öfkenin bedene verdiği rahatsızlıklardan ve şuurlanmanın önüne koyduğu engellerden de özgürleşebiliriz.

Öfke Baldan Tatlıdır

Öfkenin iyi bir duygu olmadığı söylenir genelde. Öncelikle karaciğere, sonrasında bütün bedene zarar verdiği kabul görmüş bir gerçektir.

Vücuttaki sivilcelerin ve iltihapların kaynağı da karaciğerdeki yağlanmalar ve asitlerdir.

Öfke aslında çok kıymetli bir duygu ve enerjidir. Evet, karaciğere zarar verebilir, sevgiyi emebilir, tozu dumana katabilir, gözü kör edebilir ama tekâmül ettirmek, geliştirmek ve ilerlemek için de çok önemli görevler yapar.

Öfke kodunu yazarken bir ağaç elementi özelliği taşıyan karaciğerin hareketlenmesi için öfke odunlarını atarak, ateşin harını artırırsın. Ne kadar odun atarsan, ateş o kadar büyür. Öfke ateşi çoğaltır. Ateşin neden çoğalma ihtiyacı duyduğunu iyi anlamak ve bulmak gerekir. Belki, fazla hareketsiz kalmışsındır.

Bazen gün içinde öfkelenmek istediğini hissedersin.

O öfke isteği olayı çağırır. Öfkeleneceğin kişi ya da olay hayatına girer. Sonra, "Niye böyle şeylerle, kişilerle karşılaşıyorum?" dersin ama aslında sen çağırmışsındır öfkeyi.

Hayatında eğer durağan, yatayda kalmış bir alan varsa, öfkeye ihtiyaç duyarsın.

"Ben o kadar hareketliyim ki yerimde durmuyorum!" diyenler, içsel tembelliklerini en iyi şekilde gizleyenlerdir.

Neden?

Kişi eğer "Çok spor yapıyorum, çok iş yapıyorum. Bütün gün bilgisayar başındayım. Sürekli çalışıyorum..." diyorsa, bir alanda hareketsizdir. Mesela ilişki kurmak konusunda, manevi gelişim veya gelecek programları yapma alanında...

Zihnin o kadar hareketlidir ki kalbinin hareketsizliğini gizliyordur. Hissizliği saklıyordur. Bir sürü eylem içindesin ama yine de hayatın tadı yok. Hislere kendini kapattığın anda burada olamıyorsun. Duyularınla bağlantıları kestiğin anda burada yaşamıyorsun.

İçinde olduğun hal ve durumların lezzetini alıyorsan, ruhunla buluşabilirsin. Sadece yemekten değil, bir ağaca dokumaktan, bir kuşu seyretmekten, havayı içine çekmekten, ayağını toprağa basmaktan, var olmaktan tat alabilirsen, maneviyat başlar.

Hislere kendini kapattığında burada olamazsın. Duyularınla bağlantın bittiğinde yaşayan bir ölüye dönüşürsün.

Çoğu kişi duyguları incindikçe, kendini kullanılmış ya da kandırılmış olarak hissettiğinde duygularını da sertleştirip katılaştırmak ya da hissizleştirerek kapatmak isteyebilir.

Günümüzde çok insan robot gibi yaşıyor. Yönetiliyor ve yönlendiriliyor. Birileri de onları idare etme ihtiyacı hissediyor. Sen robot olduktan sonra idare etmek isteyenler çok olacaktır zaten.

Birinin boyunduruğuna geçiyor ama fark etmiyorsun bile artık. Bunun da adı "moda" oluyor çok zaman, "kulüp" oluyor, "inanç sistemi" oluyor, "teknoloji" oluyor.

Birisi seni mütemadiyen yönlendiriyor. Ancak bunların hiçbiri sen değilsin, senin iraden değil. Günümüzde kendi iradesiyle seçim yapabilen çok azdır.

Çalışırsın, çalışırsın ve bir de bakmışsın ki hayat bitmiş! Onca imkân vardı elinde, sürekli biriktirdin ama hiçbirini kullanamadın. Bu imkânların hiçbirinden faydalanamadın.

"Bize yaramadı ama çocuklara yarasın..." diye düşünmek de boşuna. Çünkü bu kararı verecek olan da sen değilsin. Senin sadece bir hakkın vardı ve onu da kullanamadın. Sen kullanamayınca, mirasçıların da kullanamayacaklardır. Muhtemelen çocuğun da sağa sola saçacaktır biriktirdiklerini.

Henüz vaktin varken hayatına bir bak, bu hayatın tatlarını kullanma ehliyetin var mı?

Kişi kalbiyle irtibata geçiyorsa, hissediyorsa ve gerçekten kendi özüyle barışarak bağlantı kurabiliyorsa işte bunun adı maneviyattır.

Eğer manevi halin içinde de yatayda kaldıysan, hiç tat almadan kendini bir yöne kaptırdıysan, yine yanlıştasındır. Sadece manevi tarafının güçlü olması, orada yatay kalman da doğru değildir. Her türlü rutinin adı geçmiş bağımlılığıdır, geçmişe dönmektir. Tekrarlar tatsızdır.

Öfken, etrafındaki insanları da çocuklarını da besler. Çocukların da zaten bu mirası almaya talip olduğu için senin çocukların olarak dünyaya gelmişlerdir. Sistem gayet mekanik çalışır. Bir matematiği vardır.

İstersen öfke kodunu kaldırabilme hakkın var.

Hangi alanda travma, sorun, kilit ya da blokaj yaşadıysan, suyu orada durgunlaştırmış ve durağanlığa geçmişsindir. Bu nedenle öfkelenmeye başlamışsındır. Sevgi enerjin emilmiştir, tükenmiştir artık. Dolayısıyla dengelenmek için harekete geçme zamanıdır.

Bir danışanım, geçmişte çok yardımsever olduğunu hatta elinde avucunda ne varsa verdiğini, verdiklerinin karşılığında da zarar bulduğunu söylüyordu. Sonunda kendini çevresindeki insanlarla her türlü alışverişe kapattı ve izole bir yaşam seçti.

Zarar görme korkusu o kadar artmıştı ki herkesi geçmişte onu suiistimal eden, öfkelendiren yakınları gibi görüyordu. Durumun kendisinden kaynaklandığını, arkadaşlarının da bu aşırıya gitme meylinden dolayı onu dengelemek için negatif bir görev üstlendiğini anlayarak öfkesini beslemeyi bıraktı. Sonra hepsinin verdiği faydaya içeriden teşekkür etti. Eylem ve hareketlenmeye, daha dengeli bir şekilde hayata akmaya karar verdi.

Öfkelendiklerimizin çoğu hizmet almak için görevlendirdiklerimizdir.

Ağaç elementi, ateşin yaratıcısı, var edicisi olduğu gibi sakinliğin, sevginin, şefkatin, merhametin de annesidir. Hoşgörün yoksa sevemezsin. Kendini sevmeyen başkasını da sevemez. Günümüzde pek çok insan kendini sevmiyor.

Kendi değerini bilmeden, başkasının gerçek değerini göremezsin. Başkasını belki daha büyük ya da daha küçük görürsün ama ona verdiğin değer değildir bu, kendine verdiğin değeri görürsün onda. Bir kişiyi bile yüksek görüyorsan, kendini aşağıda görüyorsundur.

Biz bu dünyaya doğarken eşit şartlarda, yasaların eşit kullanım hakkına sahip olarak geldik. Buradaki adalet çok önemli...

İlahi irade yasaları önünde hepimiz eşitiz. Bu nedenle kimseyi aşağıda ya da yukarıda görmemelisin.

İnsanlar arasındaki fark ilahi yasalarda değil, yasaların kullanımından kaynaklanır. Herkes eşit derecede yasaları kullanmayı bilmez. Bazıları adaletsizlikle karşı karşıya olduklarını sanırlar. Halen dünyada insanlığa ilk defa katılan, bedenlenerek gelen çok bebek doğuyor. Bu varlıklar da bedenlendikleri hal içinde eşit yasalara tabidir. Onlar da kırmızıda duracak, yeşilde geçecekler.

İnsanlar ilkelleştikçe dünyaya karşı bağımlılıkları arttığı için daha öfkeli, daha ilkel duygulara sahip ve daha saldırgan olacaklar. Kendilerini kontrole kaptıracaklar.

Hayatlarından en çok şikâyet edenler, sürekli isyan edenler kimlerdir?

İlahi irade yasalarının farkında olmayanlar ve bu yasalarla kavga edip duranlardır. Savaşanlardır.

Oysa gelişmişlik arttıkça kabul, kucaklama, hoşgörü, sakinlik başlar. Kucaklamalarla beraber artık şimdiki hayatın gerçekleriyle daha güzel bir ahenk, dans ve ritim doğar.

Bu nedenle bazı kişiler işleri daha kolay halledebilirken, bazıları zorlanırlar. Bazıları sakinken, bazıları kolay öfkelenebilirler. Sakin davranışların ardında hoşgörü ve bilgelik vardır.

Hoşgörüsü olmayan insanlar kimseyi sevemezler. Burada uyuşmaktan, hissizleşmekten, tepkisizleşmekten söz etmiyorum.

Belki yıllar önce yaşadığı bir olayın arkasından kendini hayata kapatmış, hissiz bir yüzle hâlâ yıllar önceki olayın içindeki haliyle dolaşan insanlar vardır. Onları görür görmez o eski deneyimin içine hapsolup kaldıklarını anlayıverirsin. Bazı insanlar da vardır ki mesela seksen yaşındadır ama altı yedi yaşında çocuk gibidir.

Günümüzde çok insan geçmişte birtakım olaylara ve travmalara takılmışlardır ve orada kalmışlardır, buraya gelememişlerdir. Belki evlenmeye hazırlanıyordur bugün ama geçmişte babasına karşı duyduğu öfke devam ediyordur. O öfke de bütün hayatını yönetiyordur. Bu öfke belki o ana kadar hayırlıydı kendi açısından ama bir duygu tarafından yöneltildiğine uyanmıyorsa, uyku hali hayat boyu devam edecektir.

Hepimiz hayat okulunu bitirmeye geldik. Diplomamızı nasıl alacağımız da yine bize bağlı... Eğer bir duygu bağlantın varsa, bıraktığın bir ilişkiyle ilgili kızgınlığın, öfken, hırsın devam ediyorsa, aslında geçmiş geçmişte kalmamış demektir. Aslında ayrılmamışsındır. Bağ devam ediyordur. Bu dünyada geçmişle ilgili herhangi bir his devam ediyorsa, seni o hale tekrar götürür. Burada olma hali, bu dünyadan özgürleşme halidir. Oysa geçmişe dönüp durarak burada olamazsın.

Aşırıya gittiğinde seni savuran deneyim de tesadüfen orada değildir. Bir kaza yaşıyorsan, aşırı gittiğin bir alandan uyanman için yaşıyorsundur.

Dünya okulundan geçebilmenin yolu, burada tamamlanmak, dengeyi kendi içinde oluşturarak tamamlanmaktır. Dışarıdan müdahaleye ihtiyaç duyduğun sürece burada kalmaya da mahkûm olursun.

Korku

Kendini korumak için hayatına davet ettiğin bir koruyucudur korku!

Korunmaya olan ihtiyacın azaldıkça ya da farkındalığın çoğaldıkça korkuya olan ihtiyacın da azalır.

Bir danışanım böceklerden ve hayvan ısırmalarından çok korkuyordu. Korkusu, sosyal hayatını hatta rüyalarını bile etkiliyordu. Herhangi bir böceğin yaklaşmasıyla kendine kaçacak yer arıyordu. Bu korkuya neden ihtiyaç duyduğunu göremiyordu.

Hayatına derin bir bakış attığımızda maddeyi, dünyayı ve bedenli olma halini yeterince sevmeyen taraflarını tespit ettik. Dünya hayatını sevmeyi öğrenene kadar ölüm korkusunu hatırlatacak yoğun bir sembole ihtiyacı vardı. Bu sebeple toprağın içinde yaşayan, çürümüş cesetleri yiyebilen böceklerden korkmaya ihtiyacı vardı. Yaşadığı hayatın değerini, kıymetini fark edip önceliklerini güncellediğinde bu korkuya da artık ihtiyacı kalmamıştı.

Böcek gördüğünde ondan kaçan ve bağıran kadın gitmiş yerine onu elinde tutabilme cesareti gösteren yeni biri gelmişti.

Diyelim ki derinlik korkusu...

Kişi herhangi bir alana girdiğinde fazla derinleşiyor ya da kendini kaybediyordur. Bu noktada derinleşme, derinlik korkusunu ortaya koyduğunda bir şeyin çok fazla ucuna gitmekten ve derinleşmekten kendini alıkoyuyordur.

Köpek korkusunda da "ben" alanı yoktur. Köpek korkusu ben duygusunu geliştirir.

Bir danışanımın köpek korkusu vardı mesela, rüyasında bile köpeklerin gelip onu ısırdığını görüyordu. O kadar kendine ait bir "ben" alanı, sınırları yoktu yani.

"Hayır" diyemiyor, sürekli vermek istiyordu. Başkaları için bir şeyler yapmak istiyordu. Aynı şekilde bu alansızlığı rüyalarına da yansıyor. Kendine ait bir hayatı yok gibiydi adeta. Öncelikleri hep başkalarıydı.

Korkular, geçmiş kaynaklıdır. Geçmişten taşınan korunma duygusunun aşırıya gitmiş tezahürleridir. Çoğu insan korktuğu alanlarda kendini daha fazla güçlendirme ihtiyacı hisseder. Dolayısıyla kilonun ve yağların yoğun olduğu bedensel bölgeler kişinin kendini zayıf hissettiği enerji meridyenleridir.

Korkunun kronikleştiğinde karanlık enerjilerle işbirliği yapmaya kadar varan, frekansları da çekebilme özelliği vardır. Bu sebeple korunma ihtiyaçlarını korku yerine Allah'ın yarattığı sisteme ve kendine güvene dönüştürmek daha faydalıdır.

Korku filmlerinden, aksiyon filmlerinden, imajinasyonunda korku etkisi yaratacak her türlü diziden, filmden, görsel malzemeden uzak dur.

Korku frekansını imajine ettikçe bedenindeki bütün su sistemini ve böbrek sistemini çökertirsin. Bu soğuk bir enerjidir. İçerideki suları siyah buza çevirir.

Öncelikle alışveriş dengeni düzeltmelisin. Bol su içmelisin... Hatta mineralli su iç... Vücudundaki ağır metalleri temizle... Böbreklerin temiz kalabilmesi için ağır metallerden arınması gerekir.

Ayrıca doğru nefes almak da önemli... Vücuduna oksijen yolla. Korku duygusunda en önemli yer böbreklerdir. Böbrek sağlığındaki en önemli unsur da sudur. Böbreğin iyi kalabilmesi için mide sağlığı, yani düzenli ve doğru beslenmek lazımdır.

Mide asidi arttığında, fazla şekerli ve asitli gıdalar tükettiğinizde böbrekler bozulur, insan korkaklaşır.

Bu nedenle rafine şekerden mümkünse uzak dur. Doğal şekerler kullanmaya yönel. Şeker, böbreğin düşmanıdır. Asit üretir ve asidin yapacağı şey de böbreklere aşırı yüklenmek olur. Böbreğin besini tuzdur ama rafine tuz da böbreği olumsuz etkiler. Bütün korku ve endişenin en önemli tat unsuru tuzdur. Tuz yemeyen, alamayan, suyu ememez. Suyu alamayan, hayattan bir şey alamıyordur. Bu yüzden dışarıdan daha çok almak zorunda hisseder kendini. "Alışveriş yapayım, yeni bir şey alayım. Oradan buradan bir şey edineyim..." diye düşünmeye başlar.

Dışarıdan aşırı beslenme ihtiyacı da yine aynı kaynaktan beslenir. Mümkün olduğu kadar evde yemek ye. İşyerine, okula evinden yemek götür. Bunlar geleceğin çok önemli konuları olacaktır.

Miden kontrolün organıdır. Neden kontrol etme ihtiyacı duyarsın? Çünkü güvenemediğin bir durum, kişi ya da olay söz konusudur hayatında. Kendi hayatını veya çocuğunun hayatını kontrol etmeye çalışırsan, Yaradan'a, sisteme veya kendine güvenmiyorsun demektir. Güvenmiyorsun ki kontrol etmeye çalışıyorsundur... Kontrolcülük, mideyi ve böbreği hasta eder.

Kontrol varsa, güvensizlik vardır. Emin ol ki her birimizin çeşitli kademelerde, hayat içinde kontrol ettiği yerler vardır. Hepimiz bu yoldayız. Hiçbirimiz bitirmedik. Göreceğiz, bakacağız, alanı boşaltacağız, temizleyeceğiz.

Eğer "Kendimi bileyim, kendimi bilmek zorundayım, idrak etmek zorundayım!" diyorsan, yine kontrolcüsün demektir. "İdrak edeyim; şu konuyla ilgili idrakler gelsin, sunulsun..." diye düşünüyorsan, dilek aşaması varsa, her şey çok güzel olacaktır. İstek aşaması varsa, yine kontroldür. İlahi sistem, dileyene kolaylıkla verir, isteyene zorlukla...

Önce korkularını, endişelerini, yani bugüne kadarki kendi karanlık tarafını kucaklaman çok önemlidir. Bugüne kadar gelecekle ilgili endişe etmeye ihtiyaç duymuş olabilirsin. Geçmişte yaşadığın bir korkunun tekrar edeceği korkusunu yaşamış olabilirsin. Bazen alan belirlemek için, bazen kendi nefsinin alanını bilebilmek için, bazen kendini dışarıdan koruyabilmek için ihtiyaç duymuşsundur korkuya. Korkuların her neyse, her biri aslında bir karanlık enerji, bir yapışkan enerjidir. Eğer hayatının içine Yaradan'ı ve sistemi koyabiliyorsan, korkularının hepsi gidecektir.

Hepimizin yaşadığı her şey, Yaradan'ın izniyle ve bizim onayımızla oluyor. Senin onaylamadığın herhangi bir şey, bir hastalık ya da bir olay cereyan edemez hayatında. O zaman kendin için isteyeceklerinin, bugün istediğin şekilde olacağının eminliği, sana güven verecektir. Bu yüzden ne isteyeceğini bilmen ve öğrenmen çok önemli... Bazen bilemediğin için bazı sorularla, isteklerle kendi hayatını zorlaştırabiliyorsun. Her şeyin senin için olduğunu, sen istediğinde sana sunulacağını bil. Korkuyu hayatından gönderebilmek için, bırakmalısın. Bırakman gereken şey, öncelikle bildiklerindir.

Endişe

Geçmişte yaşananların geleceğe yansıyacağının, tekrarlanacağının kaygısıdır endişe, bir tür hüsnükuruntudur. Bastığın zeminin ayağının altından çekilip alınacağının, olayların ve insanların kaypaklığının zannıdır.

Kişi kendine güvenemedikçe hayatındakilere ve hayata da güvenemez. Kimi zaman aşırıya giden pozitif duygular kimi zaman da aşırıya giden tedbirsizlik ve şuursuz güven, güven duygusunu zedeler. Diğer bir deyişle derindeki güven yoksunluğu başkalarına haddi aşan güvenimler kazandırarak endişe kaynaklarını çoğaltır. Endişe arttıkça yaşama ve insana duyulan güven azalınca, önce panik atak ve depresyonlar, ardından da büyük yıkımlar ve çöküntüler meydana gelebilir.

Huzursuzluğun ana sebebi endişedir. Huzursuzluk sembolik olarak şeytanın huzurunda olma halidir. Bilimsel şüphe keşfetmek için faydalıyken, şüpheyi meslek edinmek Allah'a ve kendine güvensizliği artırır.

Güvenemeyen eskileri bırakamaz ve geçmişe tutunma zorunluluğu hisseder. Geçmişi tek gerçeklik zanneder. Bu yüzden sürekli geçmişte yaşar. Geçmişse, negatifi sembolize ettiği için, sadece negatife odaklar ve olumsuzlukları davet eder.

Endişe, böbrek, hormonal sistem ve bel bölgesi ağrılarına sebep olarak, iyileşmeye duyulan ihtiyacın mesajlarını verir.

Endişeyi neden hayatımıza davet ederiz?

Tabii ki daha dikkatli olmak, özenli davranmak, kendi alanımızı koruyabilmek ve ezberleri bırakmak için hayatımıza davet ederiz. Böylece gelecek hedeflerini belirleyebilen ve yaşama güvenen biri oluruz.

Ne var ki endişe kronikleştiğinde, hormonal dengeyle birlikte yaşamın dengesi de bozulabilir. Kişi Allah'a güvenmeyi öğrenebilmek için hiç kimseye veya hiçbir şeye güvenemez hale gelebilir. Bu aşırı uçlardaki insanlar neye teslim olacağının kararını kendileri verirler. Kimi Allah'a, kimi de tedirginliğe teslim olur. Dileğimiz her zaman seçimlerimizin bizi buluşturduğu şeyin huzur vermesidir.

Üzüntü, Keder

Hayatına verdiğin her sipariş, sana neşe vermeyebilir. Bazıları durgunlaştırabilir, bazıları sakinleştirebilir. Bazıları kabule zorlandığında seni üzebilir. Aslında siparişinin sonucu sana fayda verecek olsa da, canını sıkabilecek, seni zorlayacak durumların içinden geçecek olabilirsin.

Benim de hayatımda dik bir yokuşu tırmanmak gibi hissettiğim dönemlerim oldu. Sonunda kavuşacağım hediyeleri sezmeme rağmen, o günün şartlarında kendimi üzmek sanırım bana daha kolay geldi. Zorluk gibi görünen yollar aşılıp siparişlerin sebebi idrak edildikçe ve sonunda hediyelerle buluştukça şikâyetlerimin yerini, şükürlerim aldı.

Her birimizin hayatında mevsimler vardır. Olayların, ilişkilerin, gelişimin, sağlığın yazı da kışı da baharları da olabilir. Bunlar tekâmül şartlarının evreleridir. Bazen bir ilişkinin ilkbaharı olabildiği gibi sonbaharı da olabilir. Yaşamın içinde doğum ne kadar normal karşılanabiliyorsa ölümü de kucaklayabildiğimiz derece normalleşiriz. Hayatın içinde sunulan fırsatların, bolluğun ve bereketin kıymetini bazen kayıplar öğretir.

Örneğin şu sıralar dünyamız bereketli günlerini yaşamakta. Buna rağmen çok insan sunulana şükretmekten ziyade eksiklik hissiyle şikâyet halinde. Unutma ki bu şikâyetler geleceği oluştururken bolluğun da üzerini örter. Bu yüzden kayıpların olduğunda, bunu neden sipariş etiğini hatırlamaya çalışarak yaşadığın deneyimin içindeki faydayı görmeye odaklan. Çünkü dünya her zaman hayra doğru döner ve şer zannettiğin şeyin içinde bile sana mutlaka bir hayır sunar.

Bu bilince ne kadar çabuk varabilirsen, o kadar kazançlıdır. Çünkü üzüntü halinde omuzlar öne doğru kapanarak kalbi ve timüs bezini kapatmaya çalışır. Halk arasında "göğüs sıkışması" diye de tarif edilen haldir bu... Süreç içinde timüs bezinin uyarıcılığı azalır veya kapanır. Daha az nefes alınıp verilir olur. Bedende bol miktarda zehirli gazlar sıkışır. Besinlerin sindirimi azalır ve atıkların atılması yavaşlar ya da durur.

Olanın hayrını görüp kabul ettikçe yürek ferahlar, genişler ve tekrar yaşamın kıymeti fark edilerek kanın içinde sevincin ateşi akmaya başlar.

Hırs

Daha, en, fazla, çok, her, hep...

Bütün bu kelimeler, içerideki hırs ateşini artıran odunlar gibidir. Kendinin bütünün bir parçası olduğunu fark etmeyenler, bireysel çıkarları için hırs sahibidirler. Hırs, bir ateş enerjisi olarak ilerletici, geliştirici, azim verici ve başarıya götürücü bir duygudur. Özellikle ilerlemekten korkan, değişime ve gelişime dirençli olanlar için sıkça sipariş edilen bir duygudur. Keskin sirke küpüne zarar verir misali, bencilce hırslar önce midenin sağlığını bozar, ardından da yaşamın tadını kaçırır.

Öfke gibi hırs da kötü değildir. Hangi duyguyu nasıl kullandığın önemlidir. Başarmak için elbette hırsa ihtiyaç vardır. Fakat hırs duygusunun altına sürekli odun atarak ateşini beslersen, her yeri yakabilir.

Diyelim ki bir amaç için para kazanıyorsun. Sonra "Bu kadarı yetmez!" deyip daha fazlasını kazanıyorsun. Derken daha fazla, daha da fazla...

Eylemin arkasındaki endişe artık seni gütmeye başlamıştır. Yiyemeyeceğin, kullanamayacağın kadar para kazanıyorsundur. Durumu fark ettiğinde de "Hepsi çocuklara kalır..." diyerek birtakım bahanelere yaslanmaya başlıyorsundur. Oysa çocuklarının da Allah'ı var. Onlar kendi kısmetlerini bulacaklardır. Belki onlar da yiyemeyeceklerdir bıraktığın parayı çünkü yarın ne olacağını bilmek mümkün değil. Yine de pek çok örneğe rağmen insanlar kendilerini kandırmaya devam eder, hırslarına kapılarak "daha fazlası için" çabalamayı sürdürürler. Oysa çocuklara bırakılacak en iyi miras şuurlanmaktır.

Bir gün bir danışanım kaybetme korkusunun giderek arttığı şikâyetiyle bana geldi. Gece gündüz büyük bir hırsla çalışıyordu. Ailesine ve çocuklarına ayıracak zamanı bile kalmamıştı. Fakat ne işinde, ne aile hayatında, ne de sağlığıyla ilgili istediği hayata sahip değildi. Küçük yaştayken babası ölmüş ama ölmeden evvel annesine bakacağının, çok çalışıp onu mutlu edeceğinin sözünü vermişti babasına.

Aralarındaki anlaşma gereği sürekli eski ailesini yani annesini mutlu etmeye çalışıyordu ama kendini ve çocuklarını mutlu edemiyordu. Kendi için harcayamıyordu ama hırsla kazanmaya çalışıyordu.

Bu hırs, bedeninde bir sürü hastalıklar oluşmasına sebep olmuştu. Özellikle hormonal sistemi darmadağınıktı. Annesiyle yaptığı anlaşmayı hatırlayarak önce onu bozdu. Sonra biricik hayatının kıymetini bilerek hayatına sunulan güzellikleri almayı kabul etti.

Kendine harcamaya başlayınca hayat ona daha bonkör davranmaya başladı ve kısa süre içinde ekonomisi de bereketi de kanaatkârlığı da arttı. Artık hırs enerjisinin onu gütmesine ihtiyacı kalmamıştı. Şükürle ve niyazla çalışmaya başladı.

Kıskançlık

Bazıları sadece kıskançlık duygusuyla harekete geçebilirler. "Onda var bende niye yok" diyerek eylem kazanırlar...

Kimininki özenden kaynaklanır kimininki harislikten... Pek çok başarının arkasında taklit, kopyalama, rekabet ya da daha iyi olabilme kıskançlığı vardır.

Kıskançlık duygusu, harekete geçirici bir etki olarak hizmet ederken ilişkilere veya kişiye verdiği zararlar da göz ardı edilmemeli.

Özellikle sahiplenme, kontrol etme ve aşırı gurur, sinirsel dengeleri tahrip edebilir. Bu sebeple gazetelerin üçüncü sayfalarında kıskançlığından dolayı sevgilisine zarar verenlerin haberlerine çokça şahit oluruz.

Kendi hayatını yönetemeyen başkalarının hayatlarını kontrol etmeye çalışır. Kendine güvenemeyen başkalarına güvenemez.

Kişinin kendi yeteneklerine, mevcudiyetine ve yaşama olan güveni arttıkça kıskançlığa olan ihtiyaç da azalır.

Açgözlülük

Bir gün bir bilge, bir antikacıda eski eşyaları incelerken adamın biri satın almak istediği bir kemik parçasını, antikacıya uzatır.

Antikacı kemik parçasını terazinin bir kefesine koyar ve diğer kefeye de sırasıyla küçükten büyüğe bütün ağırlıkları yerleştirir. Fakat ne görsün, küçücük bir kemik parçası dükkândaki onca ağırlığı kefeye koymasına rağmen yerinden bile kımıldamamıştır.

Bilge, saksılardan aldığı bir avuç toprağı kemiğin üzerine döker dökmez terazi bir anda hareketlenir.

Antikacı şaşırmıştır, bilgeye sorar:

"Neden böyle oldu?"

Bilge de "Bu göz kemiğidir" der. "Onun gözünü doyuracak hiçbir ağırlık yoktur, yalnız toprak doyurur."

Elbette bir meselden söz ettim şimdi... Fakat günümüzde de henüz şuurlanamayan pek çok insanın gözünü ne verirsen ver doyuramayabilirsin.

Açgözlülüğün kökeni yokluk bilinci, yani yetmeyecek duygusudur. Bugün dünyada yetişen besinler, defalarca tüm insanlığı doyurmaya yetecek kadar boldur. Fakat dünyanın çoğunluğunda hâlâ aç kalma korkusu hâkim. İhtiyacı olanın, ihtiyacı olduğunda, ihtiyacı kadar verileceğinin eminliğinde olanlar için her zaman bolluk, bereket ve kucaklama vardır.

Kin, Nefret, Öç

Yaşanmış bir olay, negatif bir duyguyla beslendiğinde ve bu olay bir cezalandırma talebine dönüştüğünde kin, nefret ve öç alma duyguları oluşur.

Kişi, kendi baktığı pencereden mahkemeyi kurmuş, hükmü vermiş, cezayı kesmiş ve muhatabını cezalandırabilmek için elinden geleni yapmaya hazırdır.

Bazılarının bu negatif duygularla güdülendikleri söylenebilir tabii ki. Hayatta kalabilmek için birine kin beslemeye ihtiyaç duyarlar. Yaşamın sunduğu fırsatları, güzellikleri ve tadı alabilenler, negatif duygu ihtiyacından özgürleşmeyi hak ederler.

Acı İhtiyacı

Eğer bulunduğun anın içinde değilsen, sürekli düşüncelerinle ve duygularınla başka yerlerdeysen, başka zamanlarda ve başka yerlerde olmaya ihtiyaç duyuyorsan, fazlasıyla hayal dünyasına dalıyorsan, yaptığın eylemi topraklamıyorsan, başladığın işi bitirmek konusunda kendini yeterince istekli ve güçlü hissetmiyorsan, kök çakranla ve hayata köklenmenle ilgili bir sinyal vardır orada.

Burada olduğunu hissedemiyorsan, "Hayattayım, buradayım..." diyemiyorsan bunu zihinle yapmaya çalışırsın. Zihnin, seni burada olduğuna ikna edecek güçte değildir. Bunu anladığında, devrimini başlatabilirsin. Hayatla yeterince temas kuramayan, hayat içinde kendini daha az hisseder. Bazen bu bağ kopma noktasına kadar bile gelebilir. Var olduğunu, hayatta olduğunu, bir olayın içinde olduğunu hissedebilmen için düştüğün kuyudan çıkabilmek için çağırdığın yardım ipinin adı acıdır. Yarı şuurlu ya da otomatizma içinde yaşayanların çoğu acıya sarılarak, hayatla, insanlarla ve olaylarla bağlantıda olduğunu deneyimler.

Hayatla bağ kuramayanın iyileşme reçetesi acıdır. Acı elbette duygusal ya da fiziksel düzeyde yaşanabilir. Acının uyguladığı basınçla içinde bulunulan durum daha iyi değerlendirilir. Duyular kişiyi orada olmaya iter. Herhangi bir konuya daldığın ve kendini kaybolmuş gibi hissettiğin an kolunu çimdikle. Acıyı hissettiğin noktada tekrar var olursun. Öyleyse kaybolup gitmekten, zamana saçılmaktan ya da bağlantısızlıktan özgürleşene acı deneyiminden de özgürleşmesi hediye edilir.

Bir danışanım çok yüksek manevi haller ve tezahürler yaşamıştı. Kendi deyimiyle gördükleri, işittikleri ve hissettikleri onun bu dünyadan ayağını kesmişti. O kadar güzel ruhsal deneyimler yaşamıştı ki artık dünyaya dönmek istemiyordu. Hatta dünyayı fakir ve aşağılık bulmaya başlamıştı. Zaman içinde öyle yoğun eklem ve kemik ağrıları ortaya çıktı ki acıları dayanılmaz bir hal aldı. Ona gerçekliğini, hayatının sosyal ve fiziksel imkânlarını olduğu gibi kucaklayarak kabul etmesini tavsiye ettim.

Manevi alanda yaşadığı tatları dünya hayatına da taşımayı öğrenerek hayatın güzellikleriyle buluşmayı ve tat almayı kabul etti. Kısa süre sonra acılarından kurtulduğunun müjdesini verdi. O artık öncelikle beş duyusuyla bulunduğu yeri gözlemlemeye ve her nefesin, her şahitliğin kıymetini bilerek yeni bir hayat deneyimine geçti. Bu nedenle artık acıyla değil, güzel tatlarla buluşmaya ihtiyacı vardı.

Acı bedenimizdeki sinir sistemi üzerine kayıt yaparken en derin barkodlama izini kullanır. Deneyimlerin bilgisini hayrımıza kullanmak faydamızadır. Ama takıntıya dönüştürüp sürekli korku içinde bir şeylerden kaçınmak çözümü zorlaştırır.

Böylece kaçınılan olaylar kendini tekrarlayan bir kadere dönüşür. "Evet, ben bunu yaşadım. Bu deneyim, şuradan şuraya gidebilmem içindi. Bunu gördüm. Bu deneyimde hapsolmaya, onu sırtımda taşımaya ihtiyacım yok..." demeyi bilmek daha iyidir. Bu hatırayla fazla haşır neşir olmak isteyen tarafın, geleceğe gitmek istemeyen tarafındır.

Sevgi, Şefkat

Sevgi, insanın yüreğiyle ve derinlikleriyle ilgilidir. Bu dünyada bize en çok lezzet verecek haldir. Biz, yiyip içtiklerimizden, görüp gözettiklerimizden daha fazla sevgiyle beslenmeye ihtiyaç duyarız.

Sevginin doğadaki karşılığı sempati yasasıdır. Gezegenlerin ve galaksilerin birbirlerine çekiminde, çiçeklerin, arıları ve kelebekleri davet etmesinde bile sevgi yasası vardır.

Hayatın devamlılığı, üreme, itişme, kıskançlık hatta nefret, sevginin ya da sevgisizliğin sonucudur.

Yüreğinin derinindeki sonsuzdan bembeyaz bir ışığın kaynayarak göğsünün duvarlarına gelip tırmanmaya çalıştığını düşün. Yaşananları hazmedip sindirebildikçe, özümsedikçe ve kendini geliştirdikçe saydamlaşan kafesinden sevgi tüm berraklığıyla ve ışıltısıyla etrafına yayılır. Yansıdığı her yürekte görebilen için bir kıvılcım çakar.

Kaynaktan her birimize sevgi ışığının projeksiyonu bol miktarda yapılsa da gerek yaşanan olayların duyguları sertleştirmesi ve katılaştırması, gerek gelişime ve değişime direnç gösterilmesi ışığın hissedilmesi, görülmesi, yansıması ya da yaşanmasında perdeler oluşturur. Bu sebeple her birimiz kendi gelişmişlik ve şuurlanmışlığımız oranında sevebiliriz. Yani şuurlandıkça daha çok sevebilir, sevdikçe daha çok şuurlanabiliriz.

Yaşam deneyimleri bizi geliştirmek, yani sevgiyi içimizde serbest bırakmak içindir.

Şimdi gündelik hayatımızın içinde de sevgi alışverişlerine bir bakalım.

Sevgi, genel anlamıyla vermektir. Karşılıksız, beklentisiz ve koşulsuz olanı makbuldür.

Bir kır çiçeğinin hiçbir beklentisi olmadan, hiçbir şeyi diğerinden ayırt etmeden, göreviymiş gibi hissederek koşulsuzca kokusunu yayması sevgidendir. Tabii önce o kokuyu kendine alıp kendini beslemek kaydıyla...

Sen de insana, doğaya koşulsuzca sevgi veriyor musun bir bak. Veriyorsan, çoğaltarak yola devam. Veremiyorsan, bunu, kendini seyrettiklerinden ayırdığın ve farklı gördüğün için yapamıyorsundur. Hepimizin aynı geminin içinde olduğumuzu, dünya anadan beslendiğimizi ve paylaştıkça çoğalacağımızı hatırla...

Kendini sevmeden başkalarını sevmeye çalışanlar, sevginin ne olduğunu anlayamadıkları için tanımlarını da karıştırabilirler.

Böylelikle elbiseyi, eşyayı, kuzu yemeyi ya da filmi "severim" diyerek tarif ederler. Sevdikleri insanlara da "hoşlanırım, beğenirim" derler.

İçeriden fışkıran sevginin ateşi ne kadar yansıyorsa o kadar sevgiyi hissedersin. Kucaklamak istersin. Doya doya bakmak istersin. Hayranlığını şükürlerle dillendirmek istersin...

Sevgiyi içinde hissettikçe, zıtlıkların birbirini tamamlamak, olumsuz davranışların bir görev ve olanın bir hediye olduğunu fark edersin.

Biz sevgimizi büyütürken varlığımızı ve Allah'a olan inancımızı da büyütürüz. Bu yüzden yeryüzünde "bir" dediğimiz yaratıcıyı, her birimiz farklı şekillerde anlar, algılar ve hissederiz.

Kâinatımızda her türlü enerjinin alışverişinde bir bedel uygulaması olduğu halde, sadece sevgi için koşul ve karşılık yoktur.

Sevginin frekansı gereği korku ve öfkeyi yutarak yok edebilme gücü vardır. Korku ve öfke ise emerek, sevgiyi tüketebilme özelliğine sahip...

İnsan, hayat deneyimleriyle ve potansiyeliyle, sevgi ışığının geçeceği aktarım borularını kirli tutuyorsa, ışık zannederek akıtılan, karanlığın bir unsurudur.

Bu konuyu, çok temiz bir kaynak suyunun kirli ve paslı borulardan geçerek akması gibi tezahür edebilirsin aklında... Akışı kirleten öğrenilmişlikler, cahillikler, kaba ve geri realite frekanslarıdır.

Tabii ki isteyen bir çiçeği, bir kelebeği dahi yeniden sevmeye başlayarak, sevgiyle iletişime geçerek perdelerini tekrar açabilir. Her an kirli boruları ve kanalları temizlemek bizzat kendi elimizdedir. Bazen bir kedi, bir köpek, bir kuş ya da saksının içinde açan bir gül kapanan kalbinin tekrar sevgiye açılmasına aracılık edebilir.

Tüm gülücükler ve kahkahalar kalbini açarak, tekrar sevebilmen içindir.

Öyleyse gülümse hayata, kendine ve tüm organlarına. Göreceksin ki sen kalbine gülümsedikçe kalbin de sana ve etrafındakilere gülümseyecektir, gülümsetecektir.

Hayat içindeki birçok davranışını, sevilmeye olan ihtiyaçların belirledi. Özellikle dışarıdan onaylanmak isteyen, daha başarılı, daha gözde, aranan ve gıptayla bakılan biri olmak isteyen tarafının arkasında da aynı mekanizma var.

Başarılı sporcuların, sanatçıların ve sahne sanatlarındaki bol alkışın perde arkasında sevilerek onaylanma ihtiyacı vardır. Fakat her birimiz için kıymetli olan önce kendimizi sevebilmek, sevgimizden ve sevildiğimizden emin olabilmektir.

Sevgi titreşimlerinin yükselip merhametin gelişerek senden yansıyanları kucaklaması şefkatle olur.

Gecenin tüm yeryüzünü örtmesi gibi şefkat de odağındakileri sevgiyle kucaklar. Hiçbir canlıyı, cansızı, karmaşayı ya da akışı dışlamadan tamamen kucaklayarak içine alır.

Şefkatte realite, varlık ve insan ayrımı gözetilmez. Tarafsızca ve duygusallığa izin verilmeden, hakkıyla, sevgi yağmurları tüm toprağa serpilir. Hem de doğayla ve ilahi yasalarla uyumlu şekilde...

Her insanın kendi seçtiği ve ihtiyacı olan kadere saygı duyarak, yardıma hazır fakat ne acıyarak, ne de kendinden aşağı görerek yardım elini uzatan el şefkatin elidir. Yumuşacıktır... Sana senden yakındır... Veren ve alanın birliğini içerir. Şefkatli bir elden bir şey alırken kendini, veren sanırsın. Lütuf alırken lütfeden gibi hissedersin.

Sevgi ve şefkatle besleyip beslenmek nasibimiz olsun.

Sevinç, Neşe

Korku ve endişe yaşam ateşini zayıflatıp söndürürken sevinç ve neşe ateşi güçlendirip çoğaltır. Hayatın güzelliklerini ve işleyen düzeni fark ettikçe oluşan hayranlık seni coşturur ve sevincini artırır.

Yaşam içindeki küçük siparişlerinin sana sunulması sevinç kıvılcımları yaratır. Dileyene, olana ve verene şükür haliyle bir selamlaşma halindeysen sevinç ateşin daha da çoğalır.

Bildiklerini, ezberini ya da otomatizmanı yaşarsan sevinç azalır. Zamanla hayatın güzelliklerini görmez olursun, soğursun, güzelliklere arkanı dönersin ve yaşama küsebilirsin.

Oysa her anın yeni bir deneyim olduğunu fark edip bu deneyimle ilk defa buluşmanın tadıyla seyre geçersen, sunulanlarla çok daha derin seviyede buluşabilirsin. İşte o zaman buluştuğun seni öyle bir kucaklar ki sevincin neşeyle kahkahalara dönüşür. Neşeliler neşe üretirler.

Neşeli görünenler ise içlerindeki hüznü gizlemek için neşe maskesi takarlar. Bir yerde abartılı görünen neşe ve kahkaha varsa orada derin üzüntüler ve kederler vardır.

Olanı kabulün idrakini ve sevginin sarmalayıcı ışığını derinlere yolladığında kurumuş ya da çölleşmiş topraklardan yeniden gerçek sevinç ve neşe kahkahalarını yeşertebilirsin.

Güven, Huzur

Kontrol, endişe, korku ve huzursuzlukların kaynağında güvensizlik vardır. İnsanın gelişmişliği, tekâmül seviyesi ne kadar gerideyse güveni de o kadar azdır, olumsuz duyguları da o derece yoğundur.

İnsan geliştikçe, hayatla ve hayatındakilerle ilişkisi derinleştikçe, sistemi okuyabildikçe, var oluşu ve Yaradan'ı hissedişi arttıkça güvensizliği, güvene dönüşür.

Bütün güvensizliklerin başında Allah'a olan güven ve iman eksikliği vardır. Ona güvenmediği için sisteme, sisteme güvenmediği için hayata, hayata güvenmediği için kendine, kendine güvenmediği için etrafındaki insanlara ve olaylara da güvenmez. Oysa ilahi yasalar gereği insan güvendikçe güvenilir olaylarla ve kişilerle karşılaşır. İnsan ne kadar güvenemiyorsa o kadar güvenilmeyecek olaylarla ve kişilerle buluşur. Bu sebeple korkulan, endişe edilen ve kaçmaya çalışılan olaylar ve durumlar daha hızlı şekilde yaşama davet edilir.

Dünya, hayat ve yaradılış sadece hayra doğru akmak üzere tasarlanmıştır. Şer gibi görünen olayların bile ardında hayır vardır. Çünkü her birini tüm potansiyelinle hayatına davet eden, kendi gelişimin ve ilerleyişin için doğruyu seçen sensin.

Güvensizliğin arkasındaki temel ögelerden birisi de sana verilen yetenekleri, güçleri ve fırsatları görmezden gelmen, kabul edememen ve yok saymandır. Tabii bu güçleri fark edip kullanabilme ehliyetine gelebilmen de bir hak ediş gerektirir.

Hayatımın bir döneminde yakın çevremdeki insanlar kendilerine güvensinler diye onları güçlendirmeye çalışmıştım. Ne ilginçtir ki onlara fark ettirdiğim güçlerini ve yeteneklerini önce benim üzerimde kullanmaya kalktılar. Ben de üzerlerinden elimi ayağımı çekme kararı aldım tabii... Etrafınızdaki zayıfları ve güçsüzleri, onların bir talebi ya da samimi niyeti olmadan hareket ettirmeye kalkmayın. Liyakat prensibiyle bilginizi, gücünüzü ve yardımınızı paylaşın.

Ne kadar kendine güvenip güvenilir olursan o kadar güvende olur ve korunursun.

Kimileri dertten, sıkıntıdan, sorundan ve üzüntüden beslenmekten hoşlanır. Negatif seçeneklerden öğrenme ihtiyacında olanlar huzursuzluklarıyla, sembolik olarak, şeytanın huzurunda olmayı seçenlerdir.

Sana sunulan hayatın, ne kadar senin siparişin olduğunu anlayarak yaşıyorsan o kadar sisteme güvenirsin. Sisteme ve Allah'a güven, kendini hayatın akışına bırakmana yardımcı olur.

Hayat nehrinin içinde, güvenli bir kayıkta, çevreyi gezdirildiğini hisseden akışın içinde kucaklanır. Bu şahitliğin adı huzurdur. Huzurlu olan huzurda ve onun huzurundadır. Bu seni, neye teslim olacağını bilmeye ve teslimiyete götürür.

Duyguların Düşüncelere, Düşüncelerin Duygulara Etkisi

Duygular ve düşünceler kardeş gibi birlikte ama zıt yönde çalışarak bize hizmet ederler. Duygular dişil özellik taşırken, yani daha durağan ve geçmişle bağlantılıyken, düşünceler daha hareketli, ilerletici ve geleceğe taşıyıcıdır. Dolayısıyla düşünceler bedenimizin erkek kardeşi, duygular ise kız kardeşi diyebiliriz.

Düşünce, elektriksel bir sistemle hareket eden ve bildiğimiz ışıktan daha hızlı ışıksal bir yapıdır. Düşünce sıçramalar şeklinde hareket ediyor gibi görünse de hız itibariyle an içinde, bedenden ve dış uyaranlardan aldığı etkilerle, bir tür gündüz düşü görür misali, boşluksuz ve çok hızlı bir şekilde harekettedir.

Tıpkı duygular gibi düşüncelerimizin de kendine özgü frekansları vardır. Elbette frekansların şekil ve kalıpları da oluşabilir.

Bu sebeple bazı kişiler "dar görüşlü" diye tarif ettiğimiz yobaz ve saplantılı fikirlere sahip olabilirler. Belli düşünce şekillerinin onlarda kolaylaştırıcı bir otomatizmaya dönüşerek zihinsel bir alışkanlık yapmasından kaynaklanır bu sonuç. Oysa kolay gibi görüneni seçmek çoğunlukla işleri zorlaştırabilir.

Düşüncenin dar alandaki elektriksel kısa paslaşmaları fikir kısırlığına sebep olabilir. Özgürce düşünce deneyleriyse kişiyi geliştirir, yüceltir ve dönüşümünü kolaylaştırır.

Eğer sadece düşünceden ibaret olsaydık, hiçbir yerde duramayacak, hiçbir yere odaklanamayacaktık. Fakat duygu ve düşünce aynı anda kontrolümüzde olduğunda ya da eril ve dişil olarak araçlarımız haline geldiğinde, bizi burada tutmak için emrimize sunulmuş mükemmel sistemler sayılırlar.

Hayat içindeki duygu izleri, bize yaşadıklarımızı hatırlatır ve bu bilgiyle gelecekte nasıl adım atabileceğimizin programını verir. Harekete geçmek, gelecek tasarımı yapabilmek, yeniyi oluşturmak için duygu ve düşüncelere ihtiyacımız vardır.

Bu kadar kıymetli olmalarına rağmen, tren bazı yerlerde raydan çıkar ve kişinin bazı yerlerde duygulardan ve düşüncelerden şikâyetleri başlar...

"Beni korku yönetiyor... Endişelerimden dolayı başıma şunlar geliyor..." diyebilir mesela. Ya korktuğuyla karşılaşır ya da fazla alıngan hatta fazla kibirli olabilir. Alamıyor ya da veremiyordur.

Yine kişi dar bir açıdan hayata bakıp, öğrendiği düşünme sisteminde devam etmeye direndiği için de ileriyi, önünü hatta burnunun ucunu bile göremeyecek bir düşünce sistemine sahip olabilir. Bu nedenle, başkalarının fikir ve görüşlerinden şikâyet eder.

Bilimle uğraşan kişiler de, din insanları da, herhangi bir meslek çalışanları da dar görüşlü ve yobaz olabilir. Açık görüşlülük de yobazlık da meslek ayırt etmez. Toplumda çoğunlukla katı dindarlar "yobaz" olarak nitelendirilirler. Oysa başka meslek gruplarında hatta tamamen ilerlemek, gelişmek ve açık görüşlülük esaslarına dayanan bilimde bile birçok bilim insanının katı din insanları gibi dar görüşlere sahip olduklarına şahitlik etmişizdir. İnsanların isimlerinin önüne birtakım unvanların gelmesi onları dar görüşlü ya da açık görüşlü yapmaya yetmez.

Kalp ne kadar kabule geçerse düşünce de o derece hızlanıp özgürleşir. Kalp kapandıkça düşünceler sınırlanır ve bilinenin ötesine geçmek zorlaşabilir. Bunun sebebi bir ışık gibi akması gereken düşüncenin yerini, katılıkların ve kalıpların oluşmasıyla birlikte, sınırlama ve engellerin ortaya çıkmasıdır.

Bulunduğu yeri tam olarak hissedemeyen ve farkındalığı az olan insanlar, hayata yeterince köklenememiştir. Hayatı ve hayattakileri yeterince sevip kucaklayamayanlar yenilikten, açık görüşten ve düşüncelerini özgürce kullanmaktan korkarlar. Çok hızlı ve akışkan düşüncelerin yapısını gittikçe yavaşlatarak katılaştırır ve inanç kalıpları haline dönüştürür. Böylece kafalarının içlerinde oluşturdukları hayali putlar, düşünce şekilleri ve kalıplara dönüşür. Yani fikirleri sabitlenir, yenilenebilmek için esnekliği değil, kırılmaları seçerler.

Birçok peygamberin kutsal kitaplarda mabetlerde, özellikle de Kâbe'deki putları kırdığından bahsedilir. Putların sadece taş ve topraktan heykeller olduğu sanılabilir ama bunlar işin sembolik tarafıdır sadece. Asıl düşünsel elektriğin yavaşlatılarak bazı fikirlerde sabitleştirilip kalıplaştırılarak oluşturulan inanç putlarının kırılması söz konusudur.

Putlardan özgürleşen, tekrar başında müthiş bir hafiflemeyle birlikte özgürce ve akıcı bir şekilde düşünebilir, açık görüşlülüğü sayesinde önce sezgi kanalları, ardından da ilham kapıları açılarak yepyeni fikirlerle desteklenebilir.

Burada çok önemli bir yasa devreye girer. Bakış açısını genişletmeyen, görüş mesafesini artırmayan yani düşüncelerini özgürleştirmeyen biri, duygularını dönüştüremez ve duygularının yönetiminden özgürleşemez.

Duygu ve düşünceler "sen" değilsindir. Onlar senin kıymetli donanımlarındır sadece.

İşte duygular, düşünceler seni yönetmeye başladığında, kendinin ne olduğunu göremediğin noktaya gelirsin. Senden çıkan ürünleri, senmişsin gibi zannetmeye başlarsın.

Belki tam da burada, duygu ve düşünce sisteminin tam olarak ne olduğunu fark ettiğinde, yönetilmek yerine onları nasıl yönetebileceğini öğrenmeye ve dönüştürmeye başlayabilirsin.

Kendine şunu sor:

"Beni hangi duygu ve düşünceler yönetiyor?"

Mesela değersizlik duygusu mu?

Diyelim ki hayatını değersizlik duygusunun yönetmesine izin veriyorsun. Öncelikle şunu bil ki bugüne kadar o değersizlik duygusuna zaten ihtiyacın vardı. Bu ana kadar o duyguyla geldiysen, bu senin hayat ve kader programındır. Diyelim ki annen veya baban, bazen kardeşine, bazen başkasına değer vererek, sana değersizlik duygusu aktardı. Fakat bil ki her zaman merkez sensindir ve aslında bu kodla dünyaya geldiğin için o aile üyelerinin arasında bu mirası aldın. Buna rağmen hâlâ değersizlik duygun devam ediyorsa, bir yerde kendi değerini bilmediğin için süreç devam ediyordur.

Diyelim ki bir gün denize girerken sana şaka yaptılar, boğulma tehlikesi geçirdin ve artık denize girmekten korkar oldun. Evini bile denizden uzağa taşıyabilir, tekneye binmemeye, köprülerden bile geçmemeye karar verebilirsin. Bu durumlarda o kırılma noktasındaki duygunun kodlandığı yerle temasa geçmen çok önemlidir.

Değer görmemeye başladığın yer neresiydi?

Nerede bu koda girdin?

Değersizlik kodlarını bulanlar, bu koda neden ihtiyaç duyduğunu öncelikle anlamalı. Sana nasıl hizmet ettiğini anladığında bunu alır, kodu dönüştürürsün. Böylelikle değersizliğin yerine, seni daha çok ilerletecek, sonunda memnun olabileceğin yeni bir değeri hayatına alabilirsin.

Duyguların barkod gibi çalışır. İstersen o barkodu düzenleyebilirsin. Duyguların hiçbiri kalıcı değildir. Bütün korkuları silmene gerek yoktur. Değersizlik duygusu orada durabilir. Önemli olan değersizlik duygusunu nerede, nasıl kullanabileceğindir. Eğer herhangi bir yerde kibre giriyorsan, orada kullanabilirsin. Bir yerde çok hızlanıyorsan, uçacaksan, bırakıp kaçacaksan, başkalarını aşağılayıp ezeceksen, hatta kendi değerini yeterince bilmeyeceksen, değersizlik duygusunu orada dengeleyici olarak kullanabilirsin. Fakat önce onun seni değil, senin onu yönetmeye başlaman gerekir.

Beklentiler

Kendimize ve hayatımıza biçtiğimiz değere göre hak edişlerimize de değer biçeriz. Bazen bir çalışmanın karşılığında, başka bir kişiye özenmenin veya kıskançlığın sonucunda, emeğin ya da umudun peşinde hayattan beklentilere girebiliriz. Beklentimiz her ne kadar gelecekten olsa da geçmişte yapılanın karşılığı olarak talep edilir. Bu sistem açısından çok tekdüze ve lineer bir bakış açısıdır. Zaman sınırını kaldırdığımızda anbean zaten siparişleriyle buluşanlar oluruz.

Beklentiler, insanları ısrarcı bir isteme haline sokar. Bu da hayatın yasalarıyla negatif sürtünme etkisini artırarak bizi talebimizden uzağa koyabilir.

Bazıları aslında kendileri için yaptıkları ibadet ve manevi arınmalar için bile sistemden bir beklentiye girebilirler. Kimi daha iyi bir hayat, kimi cennet veya huzur beklentisi içinde olabilir.

Bir yakınınız size çok fedakârlık ettiğini söylüyorsa ve "Sana saçımı süpürge ettim, yemedim yedirdim, içmedim içirdim, giymedim giydirdim, kendime almadım hep sana verdim, sen incinmeyesin diye hep sustum, varımı yoğumu sana verdim" diyorsa senden menfaatleri karşılığı bir beklentiye girmiş demektir.

Hesap kitap yapmıştır ve hesabı da sana kulluk ediyormuş gibi görünüp seni kendine kul etmektir.

Dünyamıza yaptığımız faydalar, iyilikler ve yardımlaşmalarımız bile önce kendimiz içindir. Paylaşımlarda biz mutlu oluruz. Yardımlarla gönlümüz ferahlar. Verdiklerimizle yüklerimiz hafifler. Sevdikçe huzur buluruz. Güzel davranışlarımız, ifadelerimiz ve ahlakımızla çevremizi daha yaşanılası bir hale getiririz. Öyleyse yapılan her iyilik kendi yüksek hayrımıza ve bütünün hayrınadır. Bireysel olarak bir kişiye yaptığı yardımı gösteren ve buna karşılık bir üstünlük veya ayrıcalık isteyen kişi bencildir.

Sağ elinin verdiğini sol eli görmeden, dışarıya hatta verdiği kişiye bile gösterip sezdirmeden beklentisizce verense bilgedir.

Beklentiyle hareket eden, çıkarcı düşünenler, hesaplarının eninde sonunda kendilerine döndüğüne şahitlik ederler. Beklentisizce şahitliğin de, orada olmanın da hakkını verenler, yapılması gerekeni gönül rahatlığıyla yapmış olmanın huzurunu yaşarlar. Bu halin mekânı yeryüzünde de beden ötesinde de cennettir.

Çoğu insan için inanç sisteminin altında korku, beklenti, güvensizlik hatta değersizlik duygusu yatar. Ayaklarının üzerinde durarak, kendin olma yolunda ilerledikçe aslında imana girersin. Dışarıya ihtiyaç duydukça daha fazla inancın içinde olmak zorundasındır. Dışarıya olan ihtiyaç azaldıkça imana geçiş yaparsın.

Diyelim ki Afrika'da bir ülkeye gideceksin. "Orada kaybolurum gidemem..." diye düşünüyorsun ve bu ülkeyi iyi tanıyan bir tur şirketiyle yola çıkmaya karar veriyorsun. Böylece nasıl gideceğin konusunda sana destek olan, işini kolaylaştıracak bir rehber edinmiş oluyorsun. İnanç da tıpkı böyle bir şeydir. Yani kendine bir rehber bulup onunla bilmediğin bir yolculuğa çıkarsın.

Dünyanın yüzde sekseni bunu tercih eder ve turla gezer. "Sürüden ayrılanı kurt kapar" korkusu hâkimdir çünkü... Birçok açıdan böyle düşünmek doğrudur da.

Fakat sen bazı farkındalıklar yaşadın ve "Ben şimdi bileti kendim alabilirim, oraya gittiğimde otelimi ayarlayabilirim, önceden nerelere gidebileceğimi tespit edebilirim. Buraya yalnız bile giderim..." diyorsun. Kimi bir şehir için, kimi bir semt için, kimi dünyanın öbür ucundaki bir ülke için bunu söyleyebiliyor. Hatta yelkenliyle bile yola çıkanlar var. Limandan limana bir sürü yere gitme cesareti gösterenler var. İşte bu kendine güvenerek kendi yolunu seçiştir.

Tur şirketine tabi olunca, bazı özgürlüklerin kısıtlanacaktır. Kalkış saatinde buluşma yerinde olacaksın, gezi programı boyunca ekipten ayrılamazsın, her aktivitenin saatine uyacaksın.

Sen büyüdükçe, geliştikçe, manevi alanınla bağlantıyı açtıkça daha özgür ve daha bireysel davranabilme ihtiyaçların da artacaktır.

Kimi için özgürlük anne babasının yani eski ailesinin yanından evlenerek ayrılmak ve yeni bir yuva kurmaktır. Kimi için çalıştığı işten başka bir alana geçmek özgürlüktür. Başkası için evde otururken çalışmak özgürlük anlamına gelir. Herkesin özgürlük alanları farklıdır. Kimi hoşuna gitmeyen bir evliliği sonlandırmayı özgürlük sayar, kimi kendi içindeki birliği bulmayı...

Hangi tarafta dengeyi bozmuşsan, hayat sana eşinle, işinle ya da sosyal ortamlarınla, belki de bedeninle gelir. Her şeyi yapma gücün yok. Ortada bir yasa var ve senin de bu yasanın içinde prensipleri uygulama yetkin var.

Kısaca pozitifte aşırıya gittiysek hayatımıza negatif ucu çeker, dengeye (ortaya) getiriliriz. Negatife gittiysek de o miktarda pozitifi çeker ve yine dengeye gelmeye çalışırız. Kafasını işleri için çok fazla yoran ve dinlenmeye zaman ayırmayan bir kişi aşırı eril ve yang bir frekansta yaşamaya çalıştığı için sakinleştirici, yavaşlatıcı ya da durdurucu bir negatif enerjiyi hayatına davet eder.

Örneğin bir damar tıkanması sonucu hareketlerini kısıtlayıcı bir felçle veya bir kalp kriziyle karşılaşabilir. Aşırı hareketlilik, aşırı hareketsiz bir şok dalgasıyla dengelenmiş olur.

Gelecekle ilgili herhangi bir proje yapmak istemeyen ruhsal ya da maddesel herhangi bir konuda hareket etmeyen ya da ilerlemeyen bir kişi de yatay ve durağan enerjiye gittiği oranda onu harekete geçirici pozitif veya yang bir enerjiyi hayatına davet eder. Örneğin bir trafik kazası ya da kayıp şoku onu duygusal, düşüncesel veya bedensel olarak aktifleştirebilir.

Bunlar her birimizin hayat içerisinde çeşitli alanlardaki değer farklılaşmaları sonucu hareket ediş ve dengelenme arayışlarımızdır.

Çoğu insan "Dengede olayım..." diyor. Bir açıdan baktığında dengesiz olması da mümkün değil zaten. Aslında dengesizmiş gibi gördüğün durum bile, hayatın seni dengelediği bir haldir. Yani bütünde bir denge vardır. Dengesiz bir birliktelik, bir aile ilişkisi yoktur. Zaten bir denge eseri olarak o ilişkinin üyesi ya da parçasısın.

Senin karşılaştığın olay, seni tamamlamak için, dengelemek için buluşturulan bir durumdur. Bu nedenle dışarıda, herhangi bir şekilde dengeleme yapma çabanın bir anlamı yok. Zaten ne kadar erilsen o kadar dişiyle, ne kadar dişiysen o kadar erille buluştun. Yin-yangı değiştiremezsin. Birinin ne kadar siyahını büyütürsen beyazı o kadar küçülecektir. Dengenin dışında bir şey olamaz. Gece ile gündüzü düşün, biri uzarken diğeri kısalır. Gün hep yirmi dört saattir ama geceyle gündüzün süresi aynı değildir.

Her an tamamlanıyoruz.

Herhangi bir yer, kişi, hal ya da duygu, sendeki bir eksikliğin ya da fazlalığın dengeleyicisi olarak sana verilmiştir. Bir hastalık, bir kaza, bir neşe de tamamlayıcıdır. Yeter ki görmesini bil. Aşırı negatife gittiğinde pozitif bir etki gelir. Aşırı pozitife gittiğinde de bu defa negatif bir etki hayatına gelir.

Eğer sen negatif öğrenme seçenekleriyle beslenme alışkanlığı edindiysen durağanlıklarını harekete geçirmek için dürtüklenmeye, baskılara veya azarlara ihtiyaç duyacaksın. Negatifi inkâr ederek aşırı pozitif bakış açısına kaydığındaysa negatifin yani maddenin, paranın, bedenin veya dişinin önünde eğilmek veya secde etmek zorunda kalabilirsin.

Kendi hayat yolundan, programından şaşan kişiler fazla yorgunluk hisseder, hayatlarının tadını kaçırırlar.

Diyelim ki kendi bedenine, hayatına eziyet etmeye devam ediyorsun. Fazla negatife, soğuğa, dünya derdine, hırsına kaydın ve dengeyi sola taşıyarak, karanlığı çoğalttın. Bu durumda sana bir aydınlığın gelmesi lazım ki kendi içinde bir denge oluşsun.

21 Aralık'ta kuzey yarıkürede en koyu karanlık yaşanıyor. En uzun gece... Ancak ışığın çağrıldığı yer de burasıdır. Bu noktadan itibaren artık gündüzler uzamaya başlar.

Bazen 21 Aralık'a gidebilmek için varlığı kişiye yardımcı olur, karanlığı daha da besler.

Bir insanın sıçrayabilmesi için yerden iyice kuvvet alabilmesi bunun için de mümkün olduğunca çökmesi gerekir. İşte buradaki yere en yakın çöküş mesafen karanlıktan aydınlığa yükselişin başlayacağı yerdir. Bazı kişileri dışarıdan değerlendirirken tam o sıçrayış aşamasındaki kadar eğik, ezik veya kısa gördüğünde birazdan ne kadar yukarılara ve yükseğe çıkacağını tahmin edemeyebilirsin.

En karanlığın içindeymişsin gibi hissedersin ama o senin çağırdığın şifadır. Artık ayakların dibe değmiştir, şimdi sıçrayabilirsin demektir.

Dikkat et, manevi yola koyulanlar çoğunlukla kadınlardır. Kadınların çoğu bir hal ya da bir durum yaşadıktan sonra, biraz daha özenerek manevi yolun içine girerler. Yani kadınların çoğunlukla bir "21 Aralık"ları vardır.

Şunu da unutmayalım ki her gün gece gündüzü, gündüz de geceyi tamamlayarak bir denge kurmaya devam etmektedir.

Bu işin bir de 21 Haziran'ı var. En uzun gün yaşanıyordur. Yani insan manevi yolda öyle bir ilerlediğini düşünüyordur ki "Bu dünya nedir? Madde nedir?" diye küçümsemeye başlamıştır. İşte bu noktada yine dengeleme adına gecenin çağrısı yapılır ve geceler uzamaya başlar. Yani sistem seni öyle bir hale taşır ki "Gel bakalım, şu küçümsediğin dünyanın önünde bir eğil!" der.

O küçümsediğin dünyanın kıymetini anlamanı sağlar. Mademki bu kadar pozitife gitme halindesin, o halde seni negatife çekecek sorunlardan geç. Belki borçlanabilirsin, birine bakmak zorunda kalabilirsin, terk edilebilirsin...

Madde ve Duygu İlişkisi

Madde dediğimiz yapının şimdilik iddia edilen en küçük birimi atomlardır. Atomlar, içlerindeki pozitif, negatif ve nötr enerji değerlerinin yükseliş ve azalışlarına göre farklı özellikler gösterirler. Gördüğümüz ve dokunduğumuz her şey atomların bir araya gelerek oluşturduğu enerji toplarından meydana gelir. Tahta, demir, plastik, su ve hava...

Yan yana gelmiş milyonlarca balon düşün... Aralarında boşluklar var ve hiçbiri diğerine dokunmuyor. Yani boşluklu bir yapı... Her atomu da bir güneş sistemi gibi düşün. Ortasında bir güneş, çekirdek, pozitif ve nötr burada iç içe... Dışarıda onun etrafında dönen gezegenler, elektron, eksi yani negatifler... Çekirdeğin etrafında bir saniyenin içinde 4,6 milyar kere elektronların, yani gezegenlerin döndüğünü hayal et ve her atomun da yüzde 99'undan fazlasının boşluktan ibaret olduğunu bilerek bunu yap. Yani çevrende gördüğün her şey tamamen boşluklu ve birbirine hiç dokunmayan yapılardan oluşuyor. Maddenin en temel birimlerinde bile artı-eril, eksi-dişil ve de nötr kavramlar hâkim...

Atomların içerisinde bu kadar hızlı hareket söz konusuyken dışarıda tam tersi bir yavaşlık söz konusudur. Bunun bizdeki yansıması düşüncelerimizdeki hızlı hareketin tam karşılığı olarak duygularda bu kadar yavaş ve yavaşlatıcı bir sistemin hâkim olmasıdır. Madde yavaşlatılmış bir ruh, ruh ise hızlandırılmış bir maddedir.

Düşünce frekanslarımız bir ritimle odaklanmayı başarabildiğinde maddenin bu boşluklu yapısını, ışıksal titreşimler ve tıpkı bir hologram gibi görebilir. Görüntülerin ardına ve içine girip çıkabilir. Bir ışığın bir yerden bir yere taşınması gibi bedenini veya bir eşyayı nakledebilir.

Düşünce sistemimiz ışıktan daha hızlı çalışırken ruhsal enerjilerimiz onlardan da hızlıdır. Bu kadar hızlı yapının maddede yani bedende olduğuna ve bağlantısının devam etmesi gerektiğine ikna eden enstrümanımız duygulardır. Yani duygularımız bizi maddeyle uyumlayacak ölçüde yavaşlatır ve hayatın devamlılığını sağlar. Duygular sayesinde, dünyada olduğumuza ikna oluruz.

Madde de bir ışık olduğu halde baktığımızda ışık gibi görmeyiz. Çünkü o artık fazlasıyla yavaşlatılmıştır. Maddenin de bir ışık olduğunu fark ettiğinde, o ışığa fon vermeye, yani maddenin de ötesini görmeye başlarsın. Bunu anlayıp idrak ettiğinde, hayatında her türlü değişim ve dönüşümü yapabilecek gücün var demektir.

Duygu seni yavaşlatmak için vardır. Duygu olmadığında çoğu insan uçar gider. Uçmaman için duygular fren görevi görür. Güzel bir duygu hali içinde oyalanır gidersin.

Düşüncelerse tersine çok hızlıdır ve seni daha fazla hızlandırmaya çalışır. Duygular bu noktada düşüncelerin hızını dengelemekte işine yarar.

Diyelim ki bir endişeye çok fazla yer verdin, kronik hale getirdin. Bu sefer o duygu sanki bir krizmiş gibi tekrarlamaya başlayacaktır.

Gülme krizi gibi... Gülmek güzeldir ama kriz sırasında kişi kendini alamaz. Endişeyi veya korkuyu da kriz gibi yaşayanlar var. Bu duyguların içinde hapsoldukları için düşünceyi de bırakırlar çünkü duygular direkt sinirlerle ve beyinle bağlantılıdır.

Beyindeki blokaj, kişinin hayatında tekrar eden döngüler meydana getirmeye başlar. Bunu yapan, yine kişinin kendisidir. Bir oyalanma halinin içinde kendini mesut sandığı için, değişimi aramaz. Öfkelidir ve görüntüde öfkeli halinden kurtulmak istemektedir ama öte yandan o duygudan beslendiği için kendini değiştirmek istemez. Diğer bir deyişle, korkuyu, değersizliği, alınganlığı, kibri ve gururu kendini beslemek için kullanır. Duygularının okunabilecek bir barkodu vardır ama okumaya yanaşmaz.

Gerçekten özgürleşmek isteyen kişi ise o barkodu okur. "Ben bu eylemi yaparken, şurada şöyle bir hal yaşıyorum..." der ve farkındalığa ulaşır. "O zaman ne yapmalıyım?" sorusunu sorar ve barkodu okuduğu için, aynısını tekrarlamak yerine yeni bir deneyim arar.

Senin de açman gereken yer tam olarak burasıdır.

Düşüncelerinde yeni deneyime izin vermeyen taraflar, duygularda da yeni deneyime izin vermezler. Sürekli olarak bildiğini tekrarlarsın. "Dünya zaten hep böyle!", "Erkekler zaten hep böyle!", "Kadın değil mi işte, başka ne beklersin?" gibi kalıp düşünceleri tekrarlayıp durursun. Gördüğün, anladığın, seyrettiğin sistem tekrarlanır sürekli...

Eğer duygu barkodlarını hayatının içinde faydaya değil de birer hapishaneye hatta prangaya dönüştürürsen, duyguların seni sürüklemeye başlar.

Duygularını kullanmak yerine, duyguların tarafından yönetilmeyi seçtiğinde, anılar denizinde yüzer ve orada boğulursun.

Dilinde şunlara benzer sözler dönüp durur:

"Eski bayramlar ne güzeldi..."

"Çocukluğumda her şey çok güzeldi..."

"Eski ilişkimde şunlar vardı..."

"Eskiden şunun tadı daha hoştu..."

Yeni deneyimlere açık olmak, yeniden başlamakla ve "şimdi"ye yeniden bakmakla mümkündür. Burada çok basit bir ayrım var, küçük bir makas değiştirme seni bambaşka bir yere götürebilir. Birincisi seni bir kıskacın içinde yaşamaya götürebilir, yatayda bırakabilir. Yani durağanlığa geçirebilir ve durağanlığın içinde sana her gün aynı şeyleri yaşatır, her gün aynı halin peşinde koşturur. Bir diğeri ise eskiye saygı duyarak özgürleştirir. Deneyime saygı duy ama yeni deneyime yol aç, izin ver.

Çoğunlukla yeni deneyime izin verilmiyor. Çünkü orada "Ben bunu zaten biliyorum, bu hep böyle olur, bunlar hep benim başıma gelir, bunlar hep böyledir" yargıları hâkim...

Oysaki hayat ve kâinat, an mesafesi içinde yok edilip tekrar var ediliyor.

Bir düşüncen, düşünceyi değiştirme mesafesi içinde yeniden yansıtılırken, o anda inşa ediliyor. İnşa edilirken sendeki potansiyel neyse, o şekilde var olacaktır.

Eğer bildiğin şekille, bildiklerine sımsıkı tutunarak buraya geldiysen ve devam edeceksen, bildiğiniz şekilde hayatın içinde var olur, devam edersin. Fakat hayatını değiştirmek istiyorsan eski bildiklerini bırakarak devrim yapabilirsin.

Burada ciddi bir kısırdöngü tuzağı var. Özgürlük de bu tuzağa dahil...

Diyelim ki bir konuda pişmanlık duyuyorsun, kendini suçlu hissediyorsun. "Ah keşke yapmasaydım!" diye bir duygu anısına takıldın. O duygu anısı seni sürekli yokluyor ve pişmanlık yaşatıyor.

Suyun bildiği yoldan akması gibi, düşünceler de hayatı kolaylaştırma mekanizması gereği otomatik olarak düşünce kalıplarının içinden bildiklerine tutunarak akar.

Düşünce aynen şöyle çalışır:

"Ben pişman olacağım olayları yeniden imajine ederek hayatıma yansıtayım..."

Bunun üzerine etrafında sana zarar verecek ya da kendileri zarar görme ihtiyacı içinde olan insanları var etmeye başlarsın. Bu iyi ya da kötü değildir. Sadece durumun tespitidir.

Duygu ve düşünce durumu otomatizma gereği öğrendiğini tekrarlar ve eski bildiğini korumak ister. Yeni deneyim ve yeni fikirler bir külfet gibi gelir. Bu sebeple birçok insan bildiğinin dışına çıkmaya korkar. Benzer duygu ve düşüncelerin yarattığı kader mahkûmu gibi yaşamayı seçer. Bu kolaylık gibi görünen durumun, hayatını daha da zorlaştırdığını pek az kişi kavrar. Bu kavrayış uyanışa giden yolda önemli bir basamaktır.

Pişman olmanın arkasında senin bir bilgin ve inancın var. İnşa ettiğin bir düşünce sistemi var. Bu inanca göre sen bir yanlış yaptın ve bu bir suç, hatta belki günah. O zaman cezalandırılman lazım. Cezalandırılma ihtiyacı, bedenine bir sürü olayları, hayatına da bir sürü insanları cezalandırıcı olarak çekecektir.

Maddeyi bir ışık olarak gördüğünde, düşünceye de bir ışık olarak hal verildiğinde, ışık ışığı yaratacaktır. Senin odaklandığın yer yine pişmanlıkla ilgili bir alan olduğu için pişman olacağın olayların içinde bir zincir oluşturacaksın. Bu duygu kodunu yani pişmanlığa neden ihtiyaç duyduğunu anlayana kadar aynı deneyim devam edecektir.

"Bak pişmanlık ne kadar kötü..."

"Bak insanları ne çok incittin..."

Bu düşünce kalıplarının içinde bocalayıp durursun. Oysa zaten incitme ve acıtılma ihtiyacı duyan insanlar vardı etrafında. Sen zaten kimseye bir şey yapamazsın. Sen birine bir şey yapılmasına aracı olabilirsin. Bunun adı " iyilik" de olabilir "kötülük" de...

Ancak bu noktada sakın kibirli olma çünkü sen bir şey yapmıyorsun!

Zaten sistemin onayıdır bu. Sistem kişinin incitilmesini onaylamıştır, seni de aracı seçmiştir.

Kendini özgürleştirmen gereken nokta, kendinle ilgilidir, dışarıyla değil. Dışarıyla ilgili gibi görünen kısım, kendine sunduğun yemdir. Duygunun barkodunu okumadığında duygunun yaptığı şey, seni orada oyalamak olur. Bu nedenle oyalananlar, defalarca aynı olayı yaşayanlar, söz konusu duygunun yularını eline geçiremeyenlerdir. İçinde oturduğun at arabası istediğin yöne gitsin istiyorsan, yuları ellerinde tutuyor olmalısın.

Yatay ve Dikey Enerjiyi Dengelemek

Hedef belirleyemeyenler, cesareti olmayanlardır.

Cesaret gösterilmediği sürece bedenin su merkezi katılaşır, buz olur. Bunun üzerine ifadelerde ateş ve kızgınlık baş gösterir.

Hareket etmemek için çeşitli bahaneler uydurulur. Tembelliğin bir diğer adı da ertelemektir.

"Sonra yaparım" demek, eylemi geniş zamana yaymaktır. Bulunduğun realite ve hal içinden kımıldamamayı istemektir. Bu şekilde bir yatay enerji içinde duranların başına genelde kazalar gelir. Olay kazası, ilişki kazası, kayıp kazası...

Hayat, kişiyi hedefe yönlendirmek için sürekli çalışır. Oturduğun an seni harekete geçirmek için iteklemeler yaşanır. Kaçtığın şey sana yaklaşır.

Bugün hayatı zorluklar içinde olan insanların büyük kısmının sorunu atıl enerjiden kaynaklanıyordur. Atalet içinde oldukları ve kımıldamak istemedikleri için hayatlarında ekonomik, ruhsal, duygusal, sosyal zorluklar yaşanıyordur. Bunları zaman zaman her birimiz yaşadık. Kendimizi durdurduğumuz, durağanlaştığımız dönemlerde yaşadık hem de... Hatta hayatı yeteri kadar sevmediğimiz, sürekli şikâyet ettiğimiz, ne kadar şanslı olduğumuzu görmezden geldiğimiz dönemler de...

"Zorluk yaşıyorum..." şeklindeki bahaneler gereksizdir. Hepimiz çok şanslıyız. Hayattayız, buradayız ve alışveriş halindeyiz. İletişim içindeyiz ve ayağımızı yere sağlam basarak maddenin durağanlaşmış hali içinde, etkileşimdeyiz. Etkileşimdeki bu halimizden de bir şeyler anlayabiliriz.

Bedenle kısa bir süre için bile olsa bağının kesilmesini istemezsin. Bazıları "Hemen ölelim!" derler ama dönüş yolunu hatırlamadan hazırlıksız gidenler kaybolurlar.

Kutsal kitaplarda ölümden sonra seni öte âlemde karşılayacak olanlardan bahsedilir. Orada karşılaşacağın şey, buradan götürdüklerinle ilgilidir. Dolayısıyla kimsenin cenneti de, cehennemi de birbirine benzemez. Herkesin özel mekânı vardır.

Bir yerde bir enerjiyi durduruyorsan, yatay ve negatife giriyorsundur. İster cinselliğini, ister para akışını, ister bereketi, ister ruhundan almayı, ister insanlarla ilişkiyi durdurmuş ol, ister sevgi alışverişini durdurmuş ol, fark etmez. Hayata karşı nerede direnç yaptıysan ve o alanda ilerlememek üzere sabit kaldıysan bunun adı "yatayda, negatifte" olmaktır ki seni hedefinden uzaklaştırır. Yapman gereken ilk şey, bu yatay enerjiden uzaklaşmaktır.

Bazı dönemler hayatında yaşadığın zorluklar, hastalıklar, problemler seni asıl gitmen gereken yola, hedefine gitmen için çağırdıklarındır.

Yatay enerjide kaldığın alanları harekete geçirirsen, orada eyleme geçersen, hedefine çok daha kolay yönlendirilirsin.

Bulunduğun yerde hemen harekete ve enerji üretimine geçersen, o enerji seni en tepedeki hedefe, kademe kademe bağlayacak bir süreç oluşturacaktır. Fakat durağanlığı, katılığı, hareketsizliği seçersen, hayat buna karşılık tadını alır.

Fazlasıyla maddenin içinde ya da ruhsal alanın içinde kaybolmuş olanlar, tamamen negatif yani yatay enerjidedirler.

Sadece meditasyon yapan, ibadet eden de yataydadır. Sadece zihin, madde ve dünya işlerinin içindeyse de yatay enerjidedir. Birine sağından, diğerine solundan felç geliyordur. Sistem için ikisi de aynıdır. İkisini de gerçek hedefine yöneltmek üzere çalışır kader.

Hislerle Barışmak

Hayat, aslında dört duvardan ibaret...

Etrafımızı saran bu dört duvarların bir tanesi ifadelerimiz, bir tanesi yaşadığımız olaylar, bir tanesi de hallerimiz, haletlerimizdir, diğeri de rüyalarımız. Bu her bir duvarın içinde yaşadığımız ortak potansiyelimizden kaynaklanan hisler vardır. Bunların birinde uyandığında, hepsini değiştirme ve dönüştürme yetkin vardır. Bir tanesini fark edip uyandıktan sonra bu hayatı tamamlayabiliyorsun. Çünkü hepsi birbirinin içinde...

Mesela bir şeyi ifade ederiz, sonra o ifade bir olaya dönüşür. Mesela bir olay yaşarız, sonra o olayın içinde bir duygu meydana gelir ve o duygu bizi bir rüyaya taşır. Hayat bu şekilde bir döngü içindedir. Şimdi bu döngünün içinde bir yerde uyanman lazımdır ki bazı şeyleri dönüştürebilmen mümkün olsun. Belki de uyanman gereken hassas alanlardan bir tanesi hislerindir.

Hisleri bükmek, biraz daha zanaat ister. Kızgınlığın içindeyken, o his sizi ele geçirip sarmışken, onu dönüştürmek elbette daha zordur. Bir olayı, ifadeyi, kelimeyi bükmenin ötesinde daha ince bir alan vardır hislerle ilgili. Görmediğin bir alan... Dışarıdan bir şey geliyor ama sen dışarıdan gibi görsen de onu, aslında içeriden dışarıya yansımış olan geliyor. Sonrasında sende yarattığı etkiyi kontrol edemez hale geliyorsun.

Başka bir durumda da artık rahatsız ediyor. Sana korku, üzüntü, elem, keder gibi çeşitli halleri yaşattığı için, hisleri bloke ediyor, görmezden gelmeye çalışıyorsun. Derken işin sonunda gerçekten hissizlik başlıyor. Bugün ilginç bir şekilde insanların önemli bir bölümü hissedememekten şikâyetçi...

Diyelim ki bir korku ya da endişe yaşadın. Belki bir travma, kaza ya da ilişki kazası sende duygunun ve halin donmasına neden oldu.

Sen de o deneyimi aşağılara itip yok ettin. Bir hali ya da bir durumu durdurup yokmuş gibi sayarken, hislerine de doğal olarak dur dedin.

İşte o "dur" komutu, başka pek çok hissini de engelleyecek, kapatacaktır. Bunu yapanların çoğunda his kayıpları yaşanmıştır. Tatlıyı, acıyı, sevgiyi, sevinci hissedemez hale gelirler. Hatta "Bana hiçbir şey olmaz! Ben hiçbir şeye kızmıyorum, öfkelenmiyorum..." diyecek kadar duyarsızlaşabilirler.

Öncelikle hissettiklerin her neyse, öfke, kızgınlık, kıskançlık, neşe, mutluluk, sevgi ya da başka bir şey, hepsine "Evet..." demelisin. Hepsi senden yansıyan bir halin ürünü olarak, senin kucakladıkların olmalıdır. Bunun bir matematiği, bir idraki olduğu zaman kıymetlidir. İdraki olmadan yapılan kabul, Pollyannacılık gibi anlamsızdır. "Her şey aslında iyi..." diye kendini ikna ederek değil, idrak ederek, bilgiyi uygulayarak bütün hislerini kucaklamalısın.

Bunun için bazı duyguları neden yaşadığına bakman gerekir. Neden ihtiyaç duyup bir korkuyu hayatına çektiğine bak.

Fobilerin neden var?

Böcekten, hayvandan, yüksekten neden korku duyuyorsun?

Denizden ya da karanlıktan, uçağa binmekten, hırsızdan ya da yabancılarla konuşmaktan neden korkuyorsun?

Varlığın o kadar mükemmel bir sistem ki hiçbir şeyi tesadüfen, sebebi olmadan inşa etmiyor. O zaman bir korkun varsa o korku, karşısında bir sebep olduğu için vardır. Seni bir şeyden koruyan o korku, uzun süre varlığını devam ettirdiğinde bu kez sana zarar verecektir. Bu ince noktayı anlaman ve mekanizmasını çözmen önemlidir. Bir taraftan faydasını diğer taraftan da yaratacağı etkileri bilerek o duyguyu ne yapacağına karar vermen gerekir.

Diyelim ki asansör korkun var, kapalı kalmaktan korkuyorsun. Bir sınırın içinde kalmak seni korkutuyor.

Düşün bakalım, bu korku hayatına neden yerleştirilmiş olabilir?

Her olan senin faydanadır. Hiçbir şey sana ceza olsun diye verilmemiştir. İkizler de dahil herkes eşsiz ve mükemmeldir. Bu nedenle her birimizin her olaya bakışı, duruşu, anlayışı farklıdır. Her birimizin plan ve programları gelmiş ve geçmişteki tüm yaşantılarımız, aynı zamanda gelecek tasarımlarımızla buluşmuştur şu anda. O halde sana bir sınır konulması lazım. Yani bu sınırın içinde olduğun zaman oradan kaçmak istemen gerekir. Havasız kalmaktan korkuyorsundur çünkü doğduğun aile programının içinde, bir yerde çok fazla takılıp kalabilme potansiyeli taşıyorsundur. Dar bir çerçevenin içinde kalabilmek için o aileye gelmişsindir zaten. Sonuçta "Herhangi bir sınır içinde kalmamak için kendime bir kodlama yapıyorum. Yaşamak istiyorum. Ölümden de biraz korkmam lazım..." diyorsun.

Eğer yeteri kadar köklenememe durumu söz konusuysa, ölüm korkusu, aileden aldığın miraslardandır. Ölüm korkusunu vermek için havasız kalma kodunu yazarsın. Kader programı işte böyle yazılır. Demek ki herhangi bir yere kolay köklenemiyorsundur. Geldiğin kodda bu var. Hem kolay bırakacaksın hem de o ortamdan kolay çıkmanın bilgisini kod olarak alacaksın. Aynı zamanda bu dünyada kalmak, burada olmak durumundasın.

O korkunun kodu, bırakıp da gitmek istediğin anda devreye giriyor ve diyor ki:

"Gidemezsin!"

İşte o noktada kapalı yerde, asansörde kalma korkun aslında sana hizmet etmektedir.

Korku veya fobi zannettiğin şeylerin de aslında sana faydalı olduğunu görmek önemlidir. Bundan sonra hâlâ asansör korkunun devam etmesine ihtiyacın olup olmadığını kendine sor. Bu hayatın değeri ve kıymeti yeteri kadar bilindiyse, o aileye aşırı bağlılık normalleştiyse, artık hâlâ bu korkuya ihtiyacın olup olmadığını sor.

Bu noktadan sonra geçmişi ve eskiyi kolayca bırakabilecek, bağları kesebilecek çalışmalar yapmalı, bir yandan da bu hayatın kıymetini bilecek yeni kökler salmalı, tohumlar ekmelisin. Artık asansör korkusu azalmaya hatta yok olmaya başlayacaktır çünkü o kodun artık bir değeri yoktur. İhtiyaç kalmamıştır. Bu anahtar, sana başka büyük kapılar açabilir.

Korku dediğimiz şey devam ederse, köklenmeyi, hayatın değerini bilmeyi, sınırlardan özgürleşmenin kıymetini bilmediğin için, seni diri bir frekans olarak aşağı çekmeye başlar. Bu kodlama aslında seni dengelemek için vardı. Barıştıysan, artık o korkuyu taşımak zorunda değilsin, seni aşağı çekmesine izin verme o halde. Korku seni korudu ama her duygunun bir frekansı var. Korku frekansı seni eksiye doğru götüren, karartan bir enerjidir. Geçmişteki bir halin yeniden yaşanacağına dönük bir korkuya ya da gelecekte yaşayacağın bir durumun endişesine kendini kaptırmamalısın.

Bugün toplumun büyük bir kısmı "endişe" içinde... Endişe duygusu, titreşimi düşürüp böbrek merkezlerindeki frekanslarla birlikte seni daha da aşağı çekecektir. Düşük frekanslarla seni bağlantıya geçirerek daha karanlık duygulara, rüyalara ve endişelere odaklayacaktır. Bunların hepsi kaderin haline getirecek durumlar oluşturmana neden olacaktır. Artık o korkunun sana ne anlatmak istediğiyle değil, korkuyla veya endişeyle haşır neşir olarak, bu halle bütünleşmeyi seçmiş olursun. Oysa bütün hislerin, senin araçlarındır. Hepsi, sen kullan diye var. Kendini hislerine kullandırmaya başladığında artık sen yoksundur.

IV. BÖLÜM

DÜŞÜNCENİN YARATIM GÜCÜ

İnanç, İman, Duygular ve Düşünceler

Düşünceler Özgür Olduğunda

Çoğu insanın bir inancı vardır ama bütün mesele inanç halinden özgürleşebilmektir aslında. Bunun yolu da tam imana gelmektir.

Herkesin zihninde geçmişe ait kodlar ve kalıplar olduğu için tam iman noktasına gelmek, şimdiye gelmek güçtür. Orada bir barkod duruyorsa ve seni yönetiyorsa, zaten geçmişteki bir halin tekrarıyla yaşıyorsundur hâlâ.

Şöyle düşün mesela:

Şu anda her şey mümkün...

Uçabilirsin, başka bir yere ışınlanabilirsin, aklına her gelen şeyi yapabilirsin... Bir anda bir sürü yerde olabilirsin, duvardan geçebilirsin, havada, denizde yüzebilirsin.

Ancak bunun önünde engeller var.

İnanç kalıpların sana der ki:

"Hayır canım bunları sen yapamazsın! Biri yapabilir ama o kesinlikle sen değilsin..."

Peki, bu düşünce kalıpları sana nereden geldi?

Şu andan gelmedi. Şu anın içinde böyle bir şey yok. Bütün bunları geçmişten taşıdın.

Nereye odaklanırsan, onu gerçekleştirirsin. Düşündüğünü gerçekleştirebilirsin ama işin içine bir virüs girmediği sürece...

Kalıpların sana, yapamazsın, edemezsin derken, birçok sıra dışı insan örneğini okur, öğrenirsin. Evliya mesellerini hatırla ya da Uzakdoğu'daki sıra dışı insan örneklerini... Sen yapamam diye düşünürken onlar neler yaptılar, neler başardılar bile.

Bugün ateş üzerinde, su üzerinde yürüyebilen insanlar var. Fakat sen yine de "Biri yapar ama o ben değilim..." diyorsun.

Onlar da insan, nasıl yapabiliyorlar?

Bu noktada sana engel olan kuvvetin ne olduğunu gör. Engelin düşünce sistemindir. Bu engel, senin tarafından onaylandığı için orada duruyor. Sen o engeli kaldırmadığın müddetçe o program sürekli çalışmaya devam edecektir.

Kendini programlayan kişi sen olduğun için, programı kaldırabilecek olan kişi de sensin.

Hayatın boyunca engellerle karşılaştın.

"Ben şunu yapamam, bu benim isteğim dışında oldu, irademden bağımsız gerçekleşti" diyerek, kendini hiç hoşuna gitmeyen hal ve durumlar içinde gördün. Bütün bunları ısmarlayan, oluşturan mekanizma sende mevcut duruyor hâlâ.

Işığın aynı zamanda madde olduğunu unutma. Madde olarak bildiğimiz şey, ışığın yavaşlatılmış şeklidir. O halde düşünebildiğin ya da tasarlayabildiğin her şeyi maddeleştirebilme gücü sende var demektir. Neyi kristalleştirmek istiyorsan, oraya odaklanırsın.

Çoğu kişinin odaklandığı nokta, taşıdığı duygu izlerinden dolayı hep "yapamam" kodudur. Buluştuğun ve odaklandığın nokta "yapamam" kodu ise, değersizlik duygusunun yanında başka engeller de var demektir. Kendi değerini bilmemeyi, kendine verilecek değerlerden kendini yoksun bırakmayı ve bütün bunlardan dolayı kendini zayıf hissetmeyi, kendin oluşturuyorsundur.

Oluşumun mekanizması buysa, değiştirmenin mekanizması da aynıdır.

Bankacı bir danışanım vardı. Çocukluğundan beri de resim yapmayı seviyordu. Fakat onun inancı, anne babasından da seyrettiği üzere "Para kazanabilmek için sevmediğin, teknik, hesap kitap işlerini yapacaksın. Sevdiğin işler ise sadece hobi olabilir ve bunlardan para kazanılmaz" düşüncesi yönündeydi. Buna inandığı için para uğruna çalışmaya ve paranın önünde eğilmeye ihtiyaç duyuyordu. Ona bu düşünce kalıbının inançlarından kaynaklandığı, tek gerçekliğin anne baba ve çevresinde seyredip öğrendikleri olmadığı gösterildi. Bu kalıbın altında bir taraftan ailesinin onayını alma diğer taraftan da gördüğüne inanıp inandığını da gerçekleştirme çabası vardı. Kendi içindeki yeteneklere ve cevherlere odaklanarak çalıştı, üretti. Vakti geldiğinde işinden istifa ederek bir sergi açacak kadar çok resim yaptı. Söylediğine göre sanatından ve zevk alarak yaptığı işlerden güzel para kazanmaya başlamış.

Şimdi sen de kendine dön bir bak. Gerçekten şu anda yaptıklarının ne kadarını mecbur olduğun için yapıyorsun ve ne kadarını gerçekten severek, kucaklayarak yapıyorsun?

İnanç ve İman Farkı

Bir şeyler öğrenerek, "bildiğimizi" zannederiz ancak bilmenin en güzel yolu, bildiğini bırakmaktır. Hatta bütün inandıklarını da bırakmak... Bunu yaptığında imana geçebilirsin işte.

İnancını bırakmayan, imana geçemez. İnandıkların, iman ettirebilmek içindir. İnanç beyinle, zihinle olur. İman ise kalple olur.

İnançla yönetebilirsin, korkutabilirsin, yönlendirebilirsin. İnandırmak, ikna etmek için önemlidir.

"Bu vardır..." kabulünü yapan biri, buna uygun olan bir şeyler de yapmaya çalışır ancak iman bunun ötesindedir. Bir şeyler yaparak imana geçenler ya da hiç inanmadan imana geçen istisnai örnekler olsa da, her inanç, elbette iman anlamına gelmez. Niyet eden imana gidebilir, inanan değil!

Sen bir şeye inanıyorsan, birisi seni buna ikna ettiği içindir. Seni ikna ettikleri için inanırsın. Bir sistem olduğuna inanırsın mesela ama o sistemi içeride yaşarsan imana geçmiş olursun.

İkna olmak için inanca, bir alandan başka bir alana geçebilmek için de zihnin yeniliğe ihtiyacı vardır. Eskiyi bırakıp yeniliğe geçeceksindir ama bu yine de bir dönüşüm sayılmaz.

Herhangi birinin "A" takımına, "B" takımına ya da "C" takımına inanması, sistem açısından seviye anlamında bir şey ifade etmez. Senin inanç gösterdiğin o alan içinde nasıl bir halle, nasıl bir imanla ışıdığın önemlidir. Gönlünüzden ne fışkırdığı önemlidir.

"Bunu yaptım, şunu yaptım, görevimi yaptım, şöyle oldu, böyle oldu..." değil, ibadetin, anlayışın, inancınla kendini ne kadar dönüştürdüğün, kâinattaki görünüşün, geldiğin seviye esastır.

Eğer olduğun halete bir bilgi aktaramadıysan, bilgiyi biriktirmekle yetinip haletine geçiremediysen, belki sadece yüzde 1'i geçtiyse işte sen yüzde 1 kadarsındır.

Bu beden süreci sonlandığında, bildiğin ve inandığın her şey burada kalır. Götüreceğin şey, imanındır yalnızca. Yani halin, haletin... Haline aktarabileceklerini götürebilirsin.

Bir film karesi vardır. Kadının biri elinde iki bavulla cennetin kapısından girmeye çalışır ama sığamaz. Bavullarda işlediği sevapların, yaptığı iyiliklerin olduğunu söyler. Ona verilen imajinasyon budur. Yani sevap kazanmak için yapmıştır bütün iyilikleri... Oysa sistemi kandırmak mümkün değildir. Bir iyiliği ne için yaptığını, gerçek niyetinin ne olduğunu sistem bilir. Karşılık bekleyerek yapılan işleri anlar.

Hangi semineri alırsan al, hangi bilgiyi dinlersen dinle, hangi kitabı okursan oku, onu hale geçiremediğin sürece, bir faydası olmayacaktır. Bilgiyi alıp hale geçirebildiğin zaman zenginleşirsin. Öğrenmek seni âlim yapsa bile halete geçiremiyorsan bir kıymeti yoktur.

Düşünce Kalıplarının Saklandığı Yere Işık Tutmak

Hayat gayet yolundaymış gibi görünebilir. Baktığında her yer yemyeşildir mesela. Ağaçlar, çiçekler, hayvanlar... Bu eşsiz bahçede zararlı hiçbir şey yok gibi görünür. Ancak yerdeki herhangi bir taşı kaldırdığında bir de bakarsın ki böcekler, kemirenler, solucanlar doludur orası. Yani bahçede hiçbir şey yokmuş gibi görünse de börtü böcek taşların arkalarında saklıdır.

Bu yüzden hayatında ışıksız, nemli kalmış, gizli saklı köşeleri görmezden gelme. Sadece sağlıklıymışsın gibi görünürsün. Oysa bahçenin yok olması an meselesidir.

Hayatında problem üreten duygu ve düşüncelerinin gizlendiği köşeler vardır. İster taşın altına bakarsın, ister o duygunun çıktığı yere...

Bunu yaparken savaşma. Duygularıyla savaşan her zaman kaybeder. Duygu ve zihni herhangi bir savaşta yenmen mümkün değil...

Bir karışlık bir kaldırım taşının üzerinde biraz dikkatli davrandığında düşmeden yürüyebilirsin. Kaldırım taşını yerden bir metre yükseltip enini iki karış açtığında belki yine rahat yürüyebilirsin. Kaldırım taşını metrelerce yükseltince tedirginliğin artar ama. Aslında yürüyebileceğini bilirsin ama düşme korkusuyla ilgili imajinasyonların heyecanını artırabilir. Bu durumda kafanın içinde yaptığın ölçümler, düşmeyeceğin ihtimaline seni ikna etmeyebilir. Oysa yüzlerce metre yükseklikte incecik bir ip üzerinde güvenle yürüyebilen cambazlar var. Ama düşünce kalıplarının sana yolladığı vizyonların korku duygusunu uyarması sonucu, korktuğun olayla karşılaşman da mümkün olabilir.

Öğrendiğin, seyrettiğin, doğru kabul ederek içeriye aldığın bazı düşünceler zihinde kirlilik yaratarak seni olumsuz olarak yönlendirebilir. Eskiler bunun için "Tahayyülün iğvasından sakınınız" der. Diğer bir deyişle, imajine ettiklerinin, yalanlarına kanmaktan sakınmayı tavsiye ederler.

Duyguyu ve zihni kendi tarafına aldığında, yani kendi kendine yumruk atmadan, her birinin aslında sana hizmet ettiğini kabul ederek meseleye yaklaştığında işin kolaylaşır.

Coğrafi olarak bakıldığında Türkiye'deki hal, kendi kıymetini az biliş halidir... Değersizlik duygusuna karşı yoğun bir bağlılık söz konusudur. Bu topraklardaki insanlar aslında çok güçlüler. Ne var ki yüzyıllar boyunca sindirilerek komplekse itildiler. "Bu insanlar bir şey yapamaz. Herkes yapabilir ama bunlardan olmaz" dendi ve insanlar sindirildi.

Rusya'da bir araştırma yapılmış. Musevi gençlerin çok daha zengin ve çok daha güçlü olduğu tespit edilmiş, nedenleri araştırılmış. Rus çocuklarının neden aynı başarıyı gösteremediğinin açıklamasını bulmaya çalışmışlar. Sonunda ne çıkmış ortaya dersin?

Ruslar, çocuklarını çok eleştiriyorlarmış. Musevilerse yanlış yaptıklarında bile, "Benim akıllı evladım, şöyle yapabilirsin, şunu deneyebilirsin. Sen çok akıllısın, yeteneklisin..." gibi olumlu sözlerle onları motive ediyorlarmış.

Kendi annelerimizi hatırlayalım...

"Sen yapamazsın! Sen şöylesin, böylesin!"

İşte bizim kodlamalarımız bu evrelerde başlıyor.

Peki, anne o kodlamayı niye veriyor çocuğa?

Çünkü kendisi de aynı kodu aldı.

Ayrıca anne, bu kodlamayı yaparak bilinçaltında "Bizi bırakıp gitme!" diyordur çocuğa. "Bağlarını bırakma..."

Hiçbir anne bu telkini bilerek vermez, ama aile birliğinin bozulmasını da istemez. "Sen de bizim gibi ol ki çok fazla ileriye gitme, böylece aile birliğimiz bozulmasın..."

Hepimizin annesinin kodlarında bu var, dolayısıyla bizlerde de var. Dönüştüremediğimiz sürece de kalacak.

Her anne, çocuğu hem daha iyi okusun, daha iyi çalışsın ister hem de onu kaybetmekten korkar. Sonuç olarak bu sayede, bu coğrafyanın çoğunda değersizlik duygusu vardır. Hepimiz bu sonuçla ilgili sorumluluk taşıyoruz elbette.

Unutma ki değerli hissettiğin anda değerleneceksin. Değerlendiğin anda o gücü taşıyabilecek donanımın da olmalıdır.

Eğer geçmişe, arkaya dönüp bakmayla ilgili bir çaban varsa, o zaman zaten eski ailenin programında kalırsın. Duygular defalarca belirttiğim gibi barkod sistemiyle çalışır. Anıların, yaşananların, acıların, tüm hallerin bilgisi kayıt altındadır. Kayıtlarının ne olduğunu bilip yaşamını buna göre programlayabilmen çok önemli. Ateşin yakıcı olduğunu defalarca deneyerek öğrenmeye ihtiyacın yok.

Duyguların kıymetli alanlarındır, öncelikle duygularını kucaklamalısın. Korkunun seni aslında koruduğunu bilmelisin. Ancak aynı duygunun seni aşağı çektiğinin de farkında olmalısın. Korkunun negatif enerji oluşturduğunun ve sevgiyi azalttığının farkına varmalısın.

"Gayet işe yarayan, koruyan bir güçtü de neden zarar da veriyor?" diye de düşünebilirsin. Bu da seni şu sonuca götürsün:

Duygunun kendisi tek başına kötü değildir. Duyguyu kullanma şeklin veya o duygunun esiri olup olmaman zarar vericidir.

Her duygu hali, birtakım düşünce kalıpları oluşturur. Aileden aldığın duygu mirasları, ailede seyrederek öğrendiklerin, ailenin sana verdiklerini yaparak onaylarını almak istemeye sürükler seni böylece onların duygu ve inanç sistemlerini alırsın.

Dünyada din değiştiren, annesinden, babasından gördüğü inançtan vazgeçen, yerine yenisini koyan insanların istatistik olarak oranı yüzde 1'den az. Anne babasının inancını almamış gibi görünenler bile, temelde bazı noktalara inildiğinde, yine aynı inancın gereklerini yerine getiriyorlar aslında.

Mesela en nihayetinde ailesinin cenaze namazına katılır, dua ederler. Aileden alınan bu alışkanlıklar, gelenekler, kültür ve haller, yeni gibi görünen eski kodları, kişinin hayatına yerleştiriverir. Bir süre sonra kişi bakar ki ailesinin kodlarını eski hayatından alıp yeni hayatına monte etmiş.

Sadece inançlardan söz etmiyorum. Binlerce yıldır bir sürü düşünce kalıbı nesilden nesile aktarılarak sürekliliğini korumaya devam ediyor. Emin olun dünyayı bu eski kodlar yönetiyor.

Unutma ki düşünceler yönlendirilebilir ve yönetilebilir. Yönlendirme işlemini uzaktan yapmak da mümkündür. Tıpkı bir bilgisayara uzaktan virüs yollayıp bilgisayarı ele geçirmek, yönetmeye başlamak gibi... Düşünce sistemlerini de antivirüs yazılımlarıyla korur gibi korumak ve doğru şekilde yönlendirmek gerekir.

Duygularının seni yönetmesinden özgürleşemediğinde, düşüncelerin de özgürleşemez. Düşüncelerini özgürleştiremeyen kişi de, özgür olamaz. O halde duygularımızı göreceğiz, fark edeceğiz ve özgürleştireceğiz. Düşüncelerimizi özgürleştirerek, özgür kalacağız.

V. BÖLÜM

İFADEYLE YARATIM

Frekans

"Söz" ile Var Etme Sanatı

İfadelerin hayatımız üzerindeki etkileri çok ama çok büyük!

İfadeler konusunda, eski kutsal metinlerden başlayıp bugüne kadar gelen bilgiler var. Kutsal kitaplarda "Olsun..." ifadesi yer alır mesela.

"O bir şey istediği zaman sadece 'Ol!' der..."

"Tanrı, 'Işık olsun!' dedi ve oldu..."

Büyük ve yüce sistem için bile "Yaradan elini şaklattı ve oldu!" demiyor kutsal kitaplar. Dikkat edin hiçbiri "Düşündü, oldu!" da demiyor.

Oluşun sadece bir ifadeyle olduğunu söylüyorlar.

Burası çok önemli bir nokta... İnsanın da Yaradan'ın suretinde olduğu, dolayısıyla onun da yaratabilmesi, çağırabilmesi ve oluşturabilmesi için bir ifade kullanması gerektiği bilgisi veriliyor aslında.

Peki, sistem nasıl çalışıyor?

Aslında bildiğin, gördüğün her şey bir titreşimden ibaret. Bir sesi duyabilmemiz, dalga boylarını fark edebilmemizle gerçekleşir.

Bir şeyin titreşme aralıklarıyla aslında dünyayı algılıyoruz. İnsan da dahil, madde evreni titreşimlerden oluşmaktadır.

Suya bir taş attığında önce küçük ve derin bir dalga oluşur, sonra yavaş yavaş o dalgalar büyür. Dalgaların arasındaki mesafe, hız, her bir cismin kendine özgü ismini, kâinat içindeki varlığını gösterir. Her birimiz dalgalardan ibaretiz ve her cismin dalgası kendine münhasırdır. İşte bu nedenle ses ve söz de aslında dalgaların, titreşimlerin doğru şekilde kullanılmasıyla gerçeklik buluyorlar.

Frekans Nedir, Nasıl Çalışır?

Ses bir enerjidir ve titreşimlerle oluşur. Maddenin içinde atom ve atom altı parçacıkların hareketiyle meydana gelir. Her atom kendi yoğunluk ve gücüne göre farklı ses üretir ve farklı hızlarda sesi taşır.

Bazı çalışmalar evrende üretilen hiçbir enerjinin, ses de dahil kaybolmadığını sadece dönüştüğünü kabul eder. Buradan bir teori üretirsek şu ana kadar oluşmuş tüm seslere hatta seslerin kaynaklarına ulaşabilir, onları tekrardan dinleyebileceğimizi söyleriz.

Ses ve sözler ifadenin temel unsurlarındandır. Şu ana kadar söylenmiş her ifade kâinatın belki de günün birinde ulaşabileceğimiz bir yerinde asılı duruyordur.

Ağzımızdan çıkan her ses, harf, kelime ve cümle de titreşimlerden oluşur. Hepimizin sesinin frekansı, duygu, düşünce ve getirdiği potansiyeli yansıtır. Biz kendi kulağımızın yeteneği ile yere düşen bir cismin tahta mı, demir mi yoksa bir plastik mi olduğunu nasıl anlayabiliyorsak her birimizin sesi de kâinatta bir tahtayla metalin yere düştüğü anki farklılıkları kadar kolay ayırt edilebilir. Çünkü organlarımızın ve duygularımızın ürettiği sesler bize özeldir. Sesimizin tonu da bedenimizde titreşen organ ve sistemlerin çevreye yaydığı ses frekansları da bizim adımız soyadımız gibi bizi temsil eder.

Konuşma seslerimizin ortaya çıkış kökenlerinde yaşamsal ve duygusal ihtiyaçların etkisi vardır. Örneğin durağan ve yatay bir eylem haline geçmek istiyorsak, zihinde ve olaylarda duraksamalar meydana getirmek istiyorsak "Eee..." diyebiliyoruz. Bu sebeple doğaçlama olarak bebekleri uyuturken "Eee eee eee..." diye ninni söyleriz.

Öfke ve kızgınlıkta "f"ler uzatılır ve "öf" diye üfüren bir ifade zikredilir. Herhangi bir yerin acıdığında da kalbin şifa sesi olan "h" harfi "ah" diye ifade edilir. Bu sebeple birçok dilde "h", iyileşmenin, şifanın ve şifahanelerin ses frekansını taşır. Hasta, hastane, hospital, heal, healing, himmet, hu, oh...

Zikir veya mantra olarak kullanılan kelimelerin her birinde ses frekansları var. Bunlarla pek çok şey yapılabiliyor. Frekansların kelimelere dönüşmüş halleri de var tabii.

Dünyanın birçok kültüründe ve dininde zikir ve mantralar kullanılır. Kimi zaman tespih çekerek, kimi zaman zikir çekerek, kimi zaman ilahi ya da şarkılarla belli kelime ve söz frekanslarını tekrar ederek oluşturulan titreşimlerle istek ve dilek kapılarının açılması kolaylaştırılabilir.

Buralarda toplanan güç bazen de bir alana yönlendirilerek büyüsel etkiler oluşturulabilir. Bazı kelime frekansları üst üste söylenip bir ritim oluşturduğunda etkileri kat kat artabilir. Dozu şaşıranların aklı da şaşırabilir. Bu sebeple tespih, zikir, mantra ve esmaların dozu ve ne için kullanılacağı çok önemlidir.

Şunu unutma ki Yaradan'a ve onun sana verdiği güce eminliğin arttıkça sadece bir nefesle bile dileğinle buluşabilirsin.

Her birimizin sesi nasıl farklıysa yaratım hızımız ve yaratma şeklimiz de farklı olacaktır.

Sen sistemden bir talepte bulunurken, sözleri ve duaları kullandığını zannedersin, Allah'ın yarattığı sistem bu sesleri frekanslar ve dalgalar olarak algılar. Söylediklerinin ardındaki gerçek niyetini ve ihtiyacını yansıtır sesin.

Bu sebeple birçok kişi istediği hayata kavuşmak için dillendirdiği taleplerin içinde kendini bulur. Fakat çoğu kez istediğini zannettiği şeyle buluştuğunun bir alakasını kuramaz. Çünkü sipariş anında kâinata gönderdiği ses frekanslarının ne anlama geldiğini, nasıl bir tesir oluşturup neleri hayatına davet ettiğini göremez.

Diyelim ki Alaaddin'in sihirli lambasını buldun ve içinden çıkan cin, hemen üç tane dilek dileyebileceğini söyledi sana...

Ne isterdin?

"Bilmem ki."

"Ne istesem?"

"Çok korktum" dedin.

Dileklerin kabul edildi. Önce bilemedin ne dileyeceğini, sonra kaçırdığın fırsatlar listelendi önünde ve korkutuldun. Üç dilek hakkını da kullanmış sayılırsın artık.

Gündelik hayatta da ağzından çıkan her kelime titreşimi kâinatın sistemi tarafından, senin bir dileğin hatta emrinmiş gibi işleme sokulur sonra da sana kader olarak sunulur.

"Çok para kazanmak istiyorum."

"Ömür boyu sağlıklı olmak istiyorum."

"Eğlence istiyorum."

"Huzur istiyorum."

Seçenekler çoğaltılabilir.

Diyelim ki para istedin. Parayla ilgili dilde türemiş çok fazla kelime var. Paralanmak da zımpara da para kökünden gelir mesela. Kuruşun kırkta birine "para" denir. Yani kökene inersen çok küçültülmüş bir mefhum çıkar karşına... Ayrıca geldiği dilde, yani Farsçada "borç" anlamına gelir.

Bu kelimeyi kullanan dillerin, kişilerinin ve ülkelerin para, kredi ve borç ilişkisine bir de bu açıdan bakmakta fayda var.

Paraya çok odaklandığında hayatına parasal işlerin içeriği olan alacak ve verecek trafiği fazlasıyla girebilir.

Diyelim ki çok çalışmak istemiyorsun. Keyfine ve rahatına düşkün birisin. Fakat yine de çok para istemekte ısrar ettin.

Sistemin sana çok para vermesi için önce seni harekete geçirecek olaylarla karşılaştırması gerekir. Bu talebinin niteliğine göre konforunu ve rahatını kaçırabilir. Seni bolca alacak verecek işlerinin içine ve yoğun bir çalışma temposuna alabilir. Bazen çok para isteyene çok para verilir ve o kişi para konularının içerisinde boğulur.

Zengin olayım dersin, sana zenginliğin bir alanı verilir. Örneğin, işsiz güçsüz ve boş zaman çokluğundan zaman zengini olabilirsin.

Hayat içinde daima bir alışveriş vardır. Yeni bir şey istediğin an şu ana kadarki mevcut düzen yıkılmak zorundadır ya da eskiyi bırakmak gerekiyordur.

Herhangi bir konuya takılıp onu hırsla isteyenlerin çoğunluğunun yaratımları gerçekleştiği esnada sunulan ortam pek de iç açıcı olmaz. İfadelerine, duygularına, hırsın, korku, endişe ve açgözlülüğün frekansları sindiyse evrensel frekans okuma sistemi yaptığın hesapları sana güzelce ödetecek sürprizlerle dolu olaylar armağan eder.

Diyelim ki takıntılı bir şekilde sağlık istiyorsun. Çok sağlıklı olabilirsin. Bütün paran, enerjin sağlığa akabilir. Sağlıklı ve mutsuz olabilirsin. Sağlıklı ve zamansız... Bir sürü problemle uğraşacağın, "Yeter artık bu kadar çok mesele!" diyebileceğin bir hayatın da olabilir.

Burada sağlığı ne için ve nerede kullanacağının önemi vardır. Bazıları bu mekanizmayı ilk duyduklarında sistemin kelimelere takıldığını zanneder. Oysaki sözcüklerin içindeki frekanslar bizim derinlerimizde olanları ifşa eder. Yani geçmiş ve gelecekten getirdiğimiz tüm potansiyeli içinde taşıdığı gibi yaşadığımız her olayın da izini ve gelişimimizi içinde barındırır. Bu sebeple her birimiz her talebimizde dileğimizde tam da ihtiyacımız olanı ifade eder ve onunla buluşuruz.

Bir de istemekten, ifade etmekten korkanlar vardır. Almayı ve istemeyi gurur meselesi yaparlar. Bazıları da vardır ki gelecek planı yaparak ilerlemek istemediği için almaya ve istemeye odaklanmaz.

Kocasıyla geçimsizlik sorununu çözmek isteyen bir danışanım vardı. Yıllar önce rahmiyle ilgili yoğun rahatsızlıklar yaşamış ve tekrarlayan kemik sızıları ve baş ağrıları yaşıyordu. Sürekli sorunlarını anlatıyor ama gerçekte ne istediğini bir türlü söylemiyordu. Her defa "Talebin nedir?" diye sorduğumda başka bir konuya atlıyordu. İyi bir kariyeri ve geliri vardı.

İlişkisini biraz deştiğimizde kocasından hiç para alamadığını hatta nerdeyse hiçbir şey almadığını itiraf etti. Aslında bir kadın şifacı ile çalışmak istediğini ama yoğun tavsiyeler üzerine bana geldiğini söyledi. Erkekten, ruhtan, Yaradan'dan ve gelecekten o ana kadar bir talebi olmamıştı. Kendini oyalıyor ve bir şey istiyormuş gibi yapıyordu.

İçeride babasının oğlu olamamaya öfkesi, onu erkeğe karşı öfkeli ve erkekten alamayan birine dönüştürmüştü. Erkeklerin yaptığı işleri, birçoğundan daha iyi yapıyor ve kocası dahil birçok kişiye sadece veriyor, alamıyordu. Fakat kendini mutlu edecek bir hayatı da alamıyordu. Nefes de alamıyordu...

Sorununun temellerini fark edip ailesinin gözünden kendi hayatını şekillendirmeyi bırakarak yaşadıklarını, kendi varlığını ve kendini olduğu gibi kabullenip kucaklayarak işe başladı. Nefes alma çalışmaları yaptı. Hediye almaya, yardım almaya ve iltifat almaya kendini açtı.

İlerleyen çalışmalarda kalbinin niyetiyle buluşmayı öğrenerek bunları güzel bir şekilde dillendirebildi. Kendisi bile bugüne kadar nasıl da talep etmeden yaşadığına şaşırdı.

Şu anda otur ve bir kâğıt kalem eline alarak önce taleplerini yaz. Sonra bu taleplerin önündeki engelleri... Engelleri koyan tarafını gör ve taleplerinin içerisine girerek tüm engelleri aşarak onlarla buluşmayı yaşa.

Kâinata bir titreşim yolladığında, seni en sade sistemiyle duyup görebiliyor. İstediğin kadar kelimelerini süsle, bunun hiçbir önemi yok. Frekans kelimenin köküdür.

Kelimenin kökü neyse frekansı da o dur.

"Ol."

"Gel."

"Yap."

Sonuna eklediğin eklerin hiçbir önemi yok.

Sen "Ol-masın" dediğinde sistem açısından "ol" demektir. Olacaktır.

"Ver-mesin" dediğinde, sistem açısından "ver" demektir. Verilecektir.

Anne babaların nasihatleri de aslında "yapma, etme" yüklemleriyle doludur ama hepsi şuuraltında, aslında tam olarak bunları yap ve et demektir.

"Sakın sigara içme!"

"Geç kalma!"

"Yalan söyleme!"

"Sakın benim gibi olma!"

Tam olarak "Sigara iç, geç kal, yalan söyle, benim gibi ol" demektir.

Sistem olumsuzluk takılarını almaz. Pozitif ve negatif yoktur.

Sadece "Ol!" demeniz gerekir.

"Güzel bir hayatım olsun."

"Beni mutlu edeceklerle buluşayım."

"İhtiyacım olanlar kolaylıkla verilsin."

"Sevdiklerimle birlikte olayım."

"Dünyanın güzelliklerine şahit olayım."

"Sevgi dolu olayım."

Aynı şekilde "me, ma" olumsuzluk takıları için de bu durum geçerli.

"Böyle olsun istemiyorum" dediğinde, "Böyle olsun istiyorum" ifadesi verirsin aslında sisteme.

Bu yüzden nasıl olmaması gerektiği frekansına değil, nasıl olması gerektiği frekansına bakmalısın.

"Ol" demelisin.

Sadece içinden geçirmen de yetmez. İfade söze döküldüğünde imzası atılmış olur. Düşünürken sadece yazmışsınızdır. Bu da bir şekillendirmedir ama o, sözle buluştuğu an, maddeyle teması gerçekleşir.

Dillendirmenin Gücü

Dillendirmenin gücünü görmezden gelme. Zikirlerde, mantralarda içten içe söylenmez, seslendirilir. İfade, yeryüzünde deneyimlenmelidir.

Dillendirirken de olmasını istemediğine değil, tam da olmasını istediğin deneyime bakmalısın.

"Neler istiyorum?" diye düşünmelisin.

Dillendirirken bazen katmerli ifadeler kullanılır.

"Asla istemiyorum."

"Kesinlikle olmaz."

"Katiyen kabul etmem."

"Hiçbir zaman istemem."

Aslında tam da buluşmak ve çatışmak istediğin yere bakıyor, bunu ifade ediyor, dillendirerek davet ediyorsundur.

İfadelerle yarattığın bir hayatın var. Elbette bir kader planın da var.

İfadeyle yaptığın yaratımın neyi çağırdığını bilebildiğin ölçüde gerçekleşme hızını da artırabilirsin.

Bir danışanım, sekiz yıldır evli olduğunu ve kocasıyla birlikte çocuk sahibi olmak istediklerini ama bunun şu ana kadar mümkün olmadığını söyledi. Biraz derinlere indiğimizde kocasının annesiyle yaptığı anlaşmalar, kendisinin de babasıyla devam eden anlaşmalarının bulunduğunu gördü. Babasına, kariyerini her şeyden daha üstün tutacağına söz vermişti. Mesleki başarısı ilişkisinden de çocuk yapmaktan da önce geliyordu.

Öncelikle bu anlaşmaları bozdu ve içeride anne olmasının önündeki engelleri görerek bunları iptal ettiğini ifade ederek dillendirdi. Ardından çocuk isteme halinden, anne olayım ifadesine geçerek yaratımını onayladı.

Bir ay geçmişti ki müjdeli haber geldi, hamileydi.

Olumlu ya da olumsuz yoktur. İhtiyaç vardır.

İhtiyacın olan kaderi yaşarsın. Yaşadığın her deneyimde ifadenin imzası vardır. Şu ana kadar yaşadığın her olayın sorumlusu tam olarak sensin ve yine senin ifadelerindir.

Her adımımızla ve ifademizle oluşmakta olan bir kaderimiz var.

Olumlu ve olumsuz kavramları, zihinde ikilik yaratır. Belli bir seviyeye kadar bu ayrım iyidir ama sonrasında her şeyi "bu iyi, bu kötü" diye kategorize etmeye başlayarak taraf ve tarafsızlık adı altındaki bir sırat köprüsünden geçiş yaparız. İyi ya da kötü yoktur. İhtiyaç neyse buluşulan deneyim de odur.

İfadelerinle yaratılan kaderi görüp dönüştürme hakkın vardır tabii ki.

Hepimiz kendi rüyamızdan sorumluyuz. Başkalarının hayatına müdahale etmek yüktür. Ağzından çıkan her türlü kelime, başkası için sarf edilmiş gibi görünse de dönüp dolaşıp senin için sarf edilmiş sözler olarak işittiğin sözlere dönüşür.

Küfür, beddua, yargılamalar... Hiç fark etmez. Kim için söylersen söyle, kendi kulaklarına kendin için söylersin, her birinin sana sarf edildiğini eninde sonunda işitirsin. Bu nedenle neyi nasıl yargılarsan, onunla yargılanırsın.

İfadelerinle sadece kendinde bir durum yaratabilirsin. Birine olumsuz bir enerji yollama ihtiyacın varsa, aslında kendinin böyle bir deneyim yaşama ihtiyacı olduğu için başkası hakkında konuşursun.

Şu an neye ihtiyacın varsa, onu dile getirdiğinin farkında olman çok önemli...

Zorunluluk ifade eden "meli-malı" ekli fiiller kullanırken de dikkatli ol. Çünkü sistem bu kez bazı şeylere mecbur bırakarak zorlar seni.

"Kalkmak zorundayım!"

"Gitmek zorundayım!"

"Para bulmalıyım!"

"Eğer şöyle yaparsam ancak bunlara kavuşabilirim..."

İfadelerin mecburiyetler üzerine kurulmuş cümlelerden oluşuyorsa, elbette mecbur bırakılacaksındır. Ancak unutma ki mecburiyetlerin, kendi ellerinle inşa ettiğin hapishanene dönüşür bir zaman sonra. Prangaların olur.

Dilinde sürekli "gerek" ifadesi var mı yok mu dikkat et.

"Olmalı, yapmalı" diye mi konuşuyorsun, farkında ol.

Sorduğun Her Soru, Bir Emir Komutudur

"Bu nasıl olacak ki?"

"Böyle bir şey nasıl mümkün olabilir?"

Sen de muhakkak zaman zaman kendine sormuşsundur bu soruları. Hayattan cevabını öğrenmek istediğin şeyler olmuştur.

Sorduğun her soru, sistem tarafından bir "emir komutu" olarak algılanır. "Nasıl?" sorusunun cevabı, bir plan olarak önüne konulur.

"İnsan nasıl böyle biriyle evlenir?" diye sorarsan, sistem karşına sorunun cevabını getirip koyar. "Ha, demek ki böyleymiş!" demek zorunda kalırsın.

"Böyle bir hata nasıl yapılır?" dediğinde, o hatayı nasıl yapacağını gösteren bir koridor açılır yaşamında.

Bir zamanlar İstanbul Bahçelievler'de oturuyordum. 1999 yılındaki Marmara depreminden sonra Büyükçekmece'den geçerken, "Deprem tehlikesi var, toprak kayıyor. İnsan bu semtte nasıl oturur ki?" diye kendi kendime sormuştum. Sonra Büyükçekmece'ye taşındım.

Maltepe sahilinde de büyük fay hatları vardı. Aynı şekilde "Burada nasıl oturulur ki?" dediğimi hatırlıyorum. Zamanı geldiğinde Maltepe'ye taşınmak zorunda kaldım. Ardından Fenerbahçe ve Adalar'da da oturdum. Sonra bunun gibi bir iki yer daha dolaşınca bu soruyu sormayı bıraktım.

Talep edebileceğin her şey, emin ol ki kendi tekâmülün boyutundadır zaten.

Diyelim ki üç kişi bir restorana gitti. Dünya mutfakları sunuldu önlerine. Çoğu kişi menüde adını duymadığı, ne olduğunu bilmediği seçenekleri sipariş etmez.

Kâinat sofrası da büyüktür. Kendine bir şey isteyeceksen, hayatında bir şey oluşturacaksan, hangi halleri isteyeceğini iyi bilmelisin. Bunun için de iç zenginlikle ilgili çalışmalar yapmalısın. Egon derlenip toparlanmalı. Çıkıntılar törpülenmeli, nerede, nasıl ilerleyeceğini net görebilmelisin.

Kaderin Kodu adlı kitabımda aktardığım "hayatı okuma" bilgisini öğrenerek ve okuduğun hayatın içindeki seni görüp tanıyarak fazlalıklarını ya da eksiklerini tespit edebilir, hepsinden özgürleşebilirsin. Özgürleşmenin özgünlük olduğunu, kendini bilmenin kendin olmak olduğunu, hayatın sana ne kadar değer verdiğini anlayarak yani kendi değerini bilerek, kendi merkezinden olaylara ve olana şahitliğe geçersin.

Zikrin Neyse Fikrin de Odur

Zikir çeker gibi sık sık kullandığın bazı kelimeler vardır. Bunlar sendeki potansiyelden yani mevcuttaki fikirlerinden kaynaklanır.

Dikkat et, sıkça kullandığın ifadeler, seni her zaman geçmişe bağlar. Kelime dağarcığın seni geçmişte yaşatmak için oluşmuş gibidir.

"Keşke!"

"Nerede o eski günler?"

"Eskiden daha güzeldi..."

"Bir zamanlar neydim?"

"Hiç böyle biri değildim, çok iyiydim."

İfadelerinin organlarla, hayatla ve bütün frekanslarla bağlantısı vardır. Kullandığın kelimelerden yola çıkarak bedeninin sorunlu bölgelerini ya da sorun yaratabilecek bölgelerini teşhis etmek bile mümkündür.

Teşhiste bulunmanın falcılıkla ilgisi yok tabii ki. İlahi matematiği okumaktan söz ediyorum sadece.

Mesela sürekli "neyse" diyorsan, çoğunlukla alttan alıyor, durumu idare ediyor, içten içe homurdanıyorsundur. Olanı yeterince beğenmiyor ama dayatılanı da kabul etmek zorunda kalıyorsundur. Bu da senin çoğu zaman dışarıdan seni onaylayacak kişilere ihtiyaç duyduğunu gösterir.

Bu kelimeyi sık kullananlar içsel dedikoduculuk yaptıkları için, özellikle dalaklarını kirletirler ve bozarlar. Böylece fazla duygusal, sulugöz ve biraz da şekere düşkün olurlar. Öğünlerinde çokça şekerli gıdalara yer verip gece dahi şekerli yiyecek arar hale gelebilirler. Bu durum yazık ki enerji meridyen sistemlerinin bozulmasına yol açar.

Geleneksel tıp bu bilgiye sahiptir ve tedavide frekanslardan yararlanır. Modern tıp ise henüz bu konuda çok yol alamamıştır. Ancak gelecekte, geleneksel ve modern tıp muhakkak birleşecektir. Çin'de daha fazla kullanılan, Rusya'da üzerinde fazlaca araştırması yapılan frekans konusu, gelecekte çok daha yaygın şekilde karşımıza çıkacaktır.

"Saçmalık" kelimesi, "saç" emrinden geliyor. Zamanı, gücü, parayı saçmaktadır bu kelimeyi çok kullananlar. Saçma denemesi yapma ihtiyacı hissediyordur. Darmadağın olmayı deneyimlemesi söz konusudur.

Yaşadığın bir olayı birilerine sürekli anlatıyorsan dikkat et derim. Bil ki yaşadığın deneyimden henüz bir şey öğrenememişsindir. Olayı birilerine anlatıp durarak tekrarlanması yolunda çağrıda bulunuyorsundur.

Mesela bazı kadınlar eşlerinden çok şikâyet ederler. Aynı şekilde patronundan şikâyet edenler de vardır. İşte bu şikâyet enerjisi, tam da o halin tekrarını istemek demektir.

"Şu şöyle yaptı, bu böyle yaptı!" demek "Yetmedi, bir daha versin..." diye dilemektir. Geçmişin tekrar yaşanmasını istemektir.

Arkadaşından kazık yiyen biri, gidip bunu başkalarına anlatıyorsa, "Ben bu arkadaşımdan bir şey öğrenemedim, bir kazık da sen at bana..." diyordur.

Dolandırıldığını herkese anlatan biri, daha fazlasını bekliyordur hayattan. Her dinleyicinin de bir frekansı vardır tabii ki. Paylaşılan frekansın daha yoğun hissedilmesine neden olur.

İfadeni duyurduğun an, sistem çalışmaya başlar.

Ancak unutma ki sistem her zaman hayrın için çalışır.

Sen bir soru sordun ve o da cevabını verdi. Hepsi bu...

İfadelerinde zaman belirtiyorsan, "hemen, çabuk, hızlı" diyorsan, kalbini çok zorlarsın. Kalp ve dolaşım sorunlarının en büyük sebebi zamanla yarışmaktır. Bu kelimeler, ateş elementini çok hırpalar.

"Hemen!" dediğinde zaman bir anda geriye çekilir. "Şu saatte orada olayım!" dediğinde sistem zorlaşır ve senden bir bedel alır. O bedeli ödediğinde istediğini verir.

Zamanla ilgili konular çok naziktir. Zaman, ifade simyasının en hassas konusudur.

"Ben şu evi aralıkta almak istiyorum..." dersen, "Şu gün şunu yapmak istiyorum..." dersen, işlerinin zorlaştığını, geciktiğini, çıkmaza bile girdiğini deneyimlersin. Bu sisteme ödediğin bedel olur.

Kâinatın içinde alışveriş vardır. Sen bir şey istediğin zaman sistem onu sana verir ama karşılığında da bedel alır. Bedel kimi zaman şükürdür, kimi zaman varlığından bir parça (paran, zamanın, emeğin vs.)...

Sonuçta bir alma ve verme dengesi vardır. Bir tarafta zenginleşmeyi hayatına çekerken, nerede neyi fakirleştirdiğini bilemeyebilirsin. Para açısından zenginleşirken, zaman açısından fakirleşiyor olabilirsin. Belki de sağlık açısından fakirleşiyorsundur ya da maneviyat... Varlıklı olduğu halde parasını yiyecek vakit bulamayan birine dönüşebilirsin.

Konuşurken sıklıkla "yeter" diyorsan, ana gelecek olan, akacak olan kısmetleri iter, akışı durdurursun. Kabının küçük olduğunu ya da alacak yeri kalmadığını kâinata ifade ediyorsundur. Hangi siparişlerin sana tam verilecekken, verilmesini "yeter" diye durdurduğunu bilemezsin. Alma ve verme dengesi konusundaki yazı ve videolarımı incelemeni tavsiye ederim.

"Dursun" ifadesini sıkça tekrarlıyorsan, ilerlemeyi erteliyor, geçmişi ve eskiyeni bırakmakta zorlanıyorsundur. Fakat bu kelimeyi öyle bir yerde kullanırsın ki sana faydası bile olabilir. Örneğin Anadolu'da fazla çocuk ölümü yaşayan aileler doğan ilk çocuklarına "Dursun" ismini verirler. Böylelikle çocuk doğduğu bedende ve ailede durur.

İfade ederken önemli olan kelimenin frekansını anlamak, hatta tanımaktır. Neyi çağırdığını bilmektir.

Mesela "yeter" derken neyi durdurmak ihtiyacı içinde olduğuna bakmalısın. Önemli olan bu mantığı anlamak...

İfade Tamiratı

Ruhsal dönüşüm tek başına olmaz. Ne sadece bedeni değiştirip dönüştürebilirsin ne de sadece ruhu dönüştürebilirsin. Mutlaka ikisini birden denge içinde yapmalısın.

Tek bacakla da yürüyebilirsin ama dengeli bir yürüyüş için ikisini de iyi kullanabilmelisin.

İnsanın ağzından çıkanın farkında olmaması da tek bacakla yürümeye çalışmak gibidir. İfadeleriyle nerede ne yarattığını hatırlayamadığında karşılaştığı olumsuz bir durumla ilgili hemen sistemi suçlar.

Ağzından çıkanı kulağın duyuyorsa, yaşadığın her şeyin altında ifadelerinle attığın imzalar olduğunu görürsün. Bu imza, geçmişi ve geleceği kapsar. Sadece geçmişe değil, geleceğe de yaratımlar yaparsın.

Telefonda birine "Bekleriz..." dediğinde, bekletilirsin zaten.

Beklediğin kişi ne kadar samimi olursa olsun, yetişmek için elinden geleni yapsa da ya geç kalır ya başka bir şey olur ve sen bekletilmiş olursun çünkü bunu ifade edip imzaladın zaten.

Şimdi sen de hangi arkadaşlarına "bekleriz" ifadesi kullanıp, bekletildiğini, hatta hiç buluşamadığını hatırla.

Hayatın mekanizmasının nasıl işlediğini bu basit örnekten anlamak bile mümkün.

"Bekleriz" deyince nasıl bir deneyim yarattığını anlamaya başladığında bunun yerine "Görüşelim, buluşalım..." ifadelerini kullanmayı tercih etmenin daha faydalı olduğunu kabul edebilirsin.

Hangi kelimeleri sıklıkla kullandığını tespit ettiysen, yeni farkındalık halinle güncellemeler yapabilirsin.

"Yok" kelimesini hayatında tam da doğru yerde kullanmıyorsan, kendini bir alanda yokluğa düşürmek istiyorsundur.

Bir alanda bir şeyi yok etmek istiyorsundur. Neyi yok etme ihtiyacı içinde olduğun alana bakman gerekir.

Belki ifadelerini bir anda değiştiremeyeceksindir ama buna dikkat ettiğin sürece işler kolaylaşacaktır. Yok etmek istediğin alanı bulman, neden yok etmek istediğini anlaman çok önemli. Önce bu ihtiyacını gidereceksin ki aynı kelimeyi kullanmaya bir daha ihtiyacın kalmasın.

Etrafında yok edici, engelleyici, sınırlayıcı, geciktirici ifadeler kullananlar çok vardır. Hepsini fark et ama senden bu konuda bir talepleri yoksa müdahale etme. Sen etrafına ışık yay kâfi, aydınlanmak isteyen zaten alır. Belki onlar da hayatlarında bir şeyi yok etme ihtiyacı içindeler ki o alana bakmayı reddediyorlardır.

Bir şeyi bırakabilmek için illa yok etmek gerekmez. Arabadan, eşten, sevgiliden, arkadaştan, işten kurtulmanın tek yolu yok etmek değil. Yumuşak bir şekilde bırakabilirsin hepsini. Unutma ki ifadelerinle ve dileklerinle hayatı oluşturuyorsun. İşin matematiğini kavradığında her şey çok daha doğru ve kolay cereyan edecektir.

Bazen kurduğun hayat sisteminin içinde kendini bir çıkmazda hissedebilirsin. Bu işin, eşin ya da fikirlerinle ilgili olabilir. Bildiğin ve alıştığın düzeni yıkabilmek ve yeniye geçiş yapabilmek için tek yolunun yok etmek olduğuyla ilgili bir programın olabilir.

İki seçeneğin vardır. Sık sık "yok" demeye devam eder ve hedef aldığın alandaki durumu yıkıp o alanda yeniden başlamak zorunda kalabilirsin, bu senin hayrınadır.

Ayrıca yok ediş yerine kolaylıkla ve şuurlu bir şekilde bırakman gerekenden özgürleşmeyi seçer, net bir kararla bağı keserek de dönüşümünü tamamlarsın ki bu da yine senin hayrınadır.

Bazıları kendine eziyet ederek öğrenmekten hoşlanır, bazıları kolaylıkla.

Sürekli "sorun yok" kelimelerini kullanıyorsan, sorun arıyorsundur.

"Sorun yok" diyen kişi, sorun çağıran kişidir. Ortada hiçbir şey yokken, bunu söyleyen kişinin soruna ihtiyacı vardır. "Sorun çıksın ki ben de çözeyim" ihtiyacındadır. Bu da değersizlik duygusunun bir yansımasıdır işte.

Değersizlik duygusu için de iyi ya da kötü diyemeyiz. Bu duyguyu nasıl kullandığına göre değerlendirme yapılabilir ancak.

Unutma ki hayatta her şey, başka bir şeyin dengesi olarak vardır. Bir taraftan büyümeye çalışıyorsan başka bir taraftan küçüleceksin demektir. Tamamlanma ihtiyacın vardır ki "sorun yok" diyerek hayatına sorun çekmişsindir.

Durumun farkına vardığında "Her şey yolunda, şükür her şey daha iyiye gidiyor, hallolur" gibi ifadeler kullanabilirsin.

"İlginç" kelimesini sıklıkla kullanıyorsan, hayat sana sürekli yeni ve ilginç şeyler sunacaktır. Sen yeni şeyler deneyimlemek istediğine göre, elbette hayatına yeni ilginçlikler girecektir.

Bir acı hissinde hatırlarsan "h"nin önüne "a" getirirken, bir ferahlama halinde, dudaklarımızı yuvarlak yaparak "o" getiririz ve "oh" olur. Yani bir harfin yeri değiştiğinde bile tüm etki mekanizması değişir.

"Acil" veya "hadi" kelimelerini fazla kullanıyorsan, telaş yapıyorsundur ki telaş yapanlar, aslında hayatın birçok alanında yavaş kalmışlardır, kımıldayamıyorlardır. Sadece hızlılarmış gibi davranıyorlardır.

Mesela acil servis çalışanı olmayı tercih ederler. Hayatının bir alanında öylesine yatay enerjide kalmışlardır ki, sistem onları kımıldatabilmek için acil serviste çalışmaya sürüklemiştir.

"Çabuk, hızlı, acil, derhal" kelimelerini sürekli kullananlar nerede kendilerini yavaşlattıklarına bakmalılar.

İşiyle daha fazla ilgilendiği için ailesini, sağlığını, hayatını yavaşlatarak bu alanı yatay enerjide bırakan çok insan var.

Kendini ertelemeyi bırakıp ihtiyacının ne olduğunu anlayan kişi, "acil, hadi, çabuk" kelimelerine ihtiyaç duymaz.

Yataydaki enerji ve davranış biçimlerini eyleme geçirdikçe aceleci ifadelerin yerini daha oturaklı, sakin ve dengeli kelimeler alır. Vaktiyle, olması gerektiğinde, tam da zamanında, akışta, hayırlısıyla, yapabiliriz, kalkabiliriz, gidebiliriz gibi...

"Bilmiyorum" kelimesini sürekli kullanmak, bildiğini unutmaya, hafıza kayıplarına, hatta daha fazla kayıplara yol açar. Çünkü bildiğini bırakamadığın için "Bilmiyorum..." diyorsundur ya da bildiğin şeyle bağını kesmek istiyorsundur.

Demans ya da Alzheimer gibi hafıza kaybı rahatsızlığı yaşayan kişilerin aslında geçmişini bırakamadığı için beyindeki elektrik sistemini kapatan insanlar olduğu tespit edilmiştir.

Sistem çok adaletlidir. Geçmişi güzellikle bıraktığında, hafızan gayet canlı kalır.

Kolaylıkla bıraktığında, istemeden bırakmak zorunda kalmazsın.

"Bilmiyorum" kelimesini bu defa doğru yerde, eskiyi bırakmada ve yeniye kapı açmada kullanmış olursun. Doğru yerde kullanıldığında çok güzel bir anahtardır "bilmiyorum" kelimesi...

Buna karşılık sürekli "Biliyorum!" diyorsan, bilginin sana akış kapısını kapatıyorsundur. Kuran'ın ilk ayeti çok önemli bir mesajdır:

"Oku!"

Peygamberse şöyle cevap verir:

"Bilmiyorum..."

İşte buradaki "bilmiyorum", anahtardır. Akış orada başlar. Bilgi bilmeyene akar.

"Bilmiyorum" kelimesini, hayat sana bir yenilik sunarken, yeni bir perde açarken kullan. "Biliyorum..." diye yaklaştığın an, bildiğin kadarını sana sunar.

"Biliyorum..." demek, "Ben oldum..." demektir. "Benim sizin yardımınıza ihtiyacım yok!" demektir. Fakat hayatının yüzde 99 buçuğu "biliyorum" demekle geçer çünkü tecrübelerine güvenerek, kendi inanç kalıplarına veya dışarının empoze ettiklerine kapılarak hareket edersin. Bu nedenle hep "bildiğini" düşünürsün. Aslında hiçbirimiz bilmiyoruz ama bildiğimizi sanıyoruz. Bu nedenle bildiğimizi tekrar tekrar yaratmaya devam ediyoruz.

"Nefret ederim" kelimelerini çok kullanıyorsan, "Ben biliyorum, deneyimledim, öğrendim ve bu bilgi sayesinde ondan nefret ederim..." demek istiyorsunuzdur. Bildiğini bırakan için nefret diye bir şey yoktur. Her şeye yeniden bakabilmeye açıksan, nefret etmezsin.

"Ben şu kişiden, şu yemekten, şunu yapmaktan nefret ederim çünkü geçmişte şöyle bir şey yaşadım. Bu yaşadığımın devam edeceğini biliyorum..." diyorsundur aslında.

Hayatın değişmeyeceğine inandığın için bu ifadeyi kullanıyorsundur. Sen bu inançta olduğundan dolayı hayat da zaten değişmiyordur. "Böyle gelmiş böyle gider" diye gördüğün şey hayat değil, sensindir. Sen değiştiğinde çevrendeki her şey değişir.

"Nefret ederim" ifadesini çok kullanmak, aynı zamanda kişinin kendini sevmemesiyle de ilgili. Kendini seven, nefret etmez.

Sürekli "canım benim" diyenler de kendi canına kıymet vermeyenlerdir. Senin canından daha değerli bir can yok.

Eğer canına değer vermiyorsan, başkalarına sürekli "canım benim" dersin.

Bir kere şunu düşünmelisin; senin bu hayattaki devamlılığını sağlayan şey canlılığın yani canındır. Birini canın gibi sevebilirsin ama canından çok değil. Onun için önce can sonra canandır.

Bu özdeşleşme ihtiyacı, değersizlik hissin iyileştikçe yani sana verilen hayat ve can hediyesinin kıymetini anladıkça "canım" kelimesinin yerini "sevgilim, arkadaşım, dostum, yoldaşım veya kıymetlim" kelimeleri alır.

"Şükür" çok güzel bir kelimedir ama ezbere söylenmediği sürece... Gerçekten bir hale şükretmek, isyandan ve inkârdan uzak kalmak çok kıymetlidir. Şükredenlerin şükrü artar.

"Bana uyar" ifadesini sık kullanıyorsan aslında başka birini taklit ediyorsundur. Senin fikrin değildir. Özgür ve özgün düşünce hayat tasarımın değildir. Hayatın belli dönemlerinde başkalarını örnek almak, rol modeller seçmek elbette kabul edilebilir ama modeli özgünlüğe dönüştürdüğünde özgürlük kapısı açılır.

"Olabilir" kelimesinin içinde "belki" vardır. Belirsizlik vardır. Doğru yerde kullanıldığında "ol" etkisiyle, "olsun" gibi kullanabilirsin.

Fakat sürekli "Olabilir" diyorsan, hayatında belirsizlikler oluşur. O halde nerede netleşemediğine, nerede karar veremediğine, güç çakrasını neden kullanamadığına bakman gerekir. Kendi kararlarını verebilecek hale geldiğinde ifade de tamir olur.

Sürekli "Aynen!" diyorsan yine aynısını talep ediyorsundur. Karşındakinin eylemini taklit etmek istiyorsundur, yani yine sahnede başkası vardır, sen yoksundur.

Geçmişte ya da dışarıda seyrettiğin herhangi bir yansımanın seni yönetmesine izin veriyorsundur. Geçmişi tekrar etmek isteyenlerin çokça kullandığı bir kelimedir. Bu kelimenin yerine, "Sana katılıyorum, benzer düşünüyorum, güzelmiş..." gibi ifadeler kullanarak ifadelerini tamir edebilirsin.

"Korkunç!" kelimesini sıklıkla kullanıyorsan korkmak ya da korkutulmak istiyorsundur. Şaşırma ihtiyacıdır da aynı zamanda. Bireysel alanını kendin çizebiliyorsan, alanına sahip çıkabiliyorsan korkuya da korkunç olana da ihtiyacın yoktur.

"Elbette" kelimesinin birkaç tane kullanım alanı vardır. "Elbette böyle olacak!" diyorsan "kesinlikle" kelimesinin frekansında kullanıyorsundur. "Zaten böyle olacak! Ben bunu biliyorum..." diyorsundur aslında. Her türlü kesinlikte hayat keskin bir şekilde gelecektir üzerine. Kesinlikle ifadesinde olduğu gibi bu ifade de bir şeyle ilişkiyi kesme ihtiyacı vardır.

Bu kelimenin sık kullanılmasının yerine "mümkündür", "gerçekleşebilir", "olmasını kabul ediyorum" gibi ifadeleri kullanabilirsin.

Dikkat et "ben" kelimesini ve "ım, im, um" eklerini kullanmadığın tek bir gün bile yok hayatında.

"Ben" derken, kendini kendine ve başkalarına göstermek, bazen ispat etmek, fark etmek ve fark ettirmek için çalışırsın. Aslında kendini göremeyen, göremediği için de başkalarına göstermeye çalışansındır. Ne ilginçtir ki kendini gördükçe, fark ettikçe yani kendini bildikçe "ben" demeye olan ihtiyaç azalır.

Bu sebeple birçok ruhsal eğitimlerde ve mabetlerde "ben" kelimesi için oruçlar tutulur. Bunun yerine "biz" denir.

Geçmiş yıllarda bu orucu kendime uygulamıştım. Uzun bir dönem "biz yaptık", "yaparız", "oluruz" gibi ifadeler kullandım. Bu da kendimi geri plana itmeme, görünmemek için başkalarının arkalarına saklanmama neden olmuştu. Aşırıya gittiğimi anlayınca kendi hayatıma ve bana hediye edilen "ben"e sahip çıkmaya karar verdim.

Onun için 28 yıl önce rüyalarımda bana hatırlatılan ve tavsiye edilen kitapları ancak şimdilerde okuruyla buluşturabiliyorum.

"Bakarız" diyorsan, bütün eylemleri zamana yayıyorsundur. "Bakarız" kelimesinin yoğun kullanılması, tembelliği ve ertelemeyi getirir. Geniş zaman kipi kullanarak bakarız dediğinde evrene bir eylem için talimat verilmemiştir.

Bu kelime yerine "yapayım", "yapalım" gibi ifadeler kullanılması dönüşümü kolaylaştırır.

"Haberleşiriz" kelimesinde zamana yayıp belirsiz ve geniş bir zaman kullanımı söz konusudur. Eğer daha çabuk görüşmek istediğin birine söylüyorsan haberleşelim daha doğru bir ifadedir.

"Sonra" kelimesini çok kullanıyorsan, sürekli bir şeyleri öteleyip erteliyor, sonraya bırakıyorsundur. Bulunduğu zamanda olmayanlar, geçmişte yaşadıkları için ve yapacaklarını hiç gelmeyecek bir zamana erteledikleri için tembel bir yaşam sürerler. "Sonra" yerine "şimdi" kelimesini yerleştirmek daha doğru olacaktır.

Gördüğün gibi kelimeler çok önemli... Bu yüzden ifadelere değer vermek gerekir. Hangi kelimeyle nasıl bir ifade içinde olduğunun farkına varmalı, ifadeleri tamir etmeliyiz.

Fazla konuşmamayı tercih etmende, önce kendini sonra da dışarıyı dinlemeyi öğrenmende fayda vardır. Konuşulanlara kulak verildiği sürece, tekrarlanan ya da gelmekte olan deneyimleri tahmin etmek için kahve fincanıyla fal bakmaya ihtiyaç kalmaz. Çünkü karşında bir kişi konuşurken seçtiği kelimelerden kendisine nasıl bir kader oluşturduğunu okur ve onun geleceğini tahmin edebilirsin.

Her türlü ifadenle sürekli bir titreşim ve yaratım içindesindir. Ağzından çıkan her söz bir yaratım enerjisine sahiptir.

İfade Tamiratçısı Kimdir?

İfade tamircisi olmak demek, hayatı tamir edebiliyor olmak demek.

Herkesin içinde kendi hayatını ve yazgısını bambaşka biçimde şekillendirebilme gücünün bilgisi var.

Herhangi bir ifademiz ağzımızdan çıktığı an içinde yaratım başlar ve aslında o anda yaratım gerçekleşir. Biz an içinde yaratılanla, kendi zaman hızımıza uygun bir vakitte muhakkak karşılaşırız.

Öyleyse yaratım da tamirat da gerçekleşen de an içinde olur.

Ağzından çıkanı ve ağızlardan çıkanı kulağıyla duyan kişi bu yolda olandır. Duyduğunu anlayan tamir edilecek olanı fark edendir. İhtiyacı ve buluşulduğunda huzur vereni bilen kişi, ifadeyi dönüştürebilendir.

Çoğu kişi kullandığı kelimeleri değiştirebilir ancak ifade tamircisi olabilmek için kelimelerin tesirlerini ve kodlarını da okuyabilmek gereklidir. Çünkü bir sözle ve frekansla yaratılacak olan kadere göre ifadeler oluşur. İfade tamircisi, ihtiyacı tamamlayarak, içeride dönüşüm bilgisini fark edip aktararak, sözcüklerle dans ederek söz büyücülüğü yapar.

Dualarını Tam Yap

Duaları tam ifade etmek çok önemli... Sonrasında "Ben bunu istememiştim" demeye hakkın olmaz. Çünkü zaten tam olarak onu istemişsindir.

İfadelerinde kelime dağarcığını tam ve doğru kullanmaya gayret et. Yarım yamalak ifadelerle dua edilmez.

Kelimeleri tam kullanıp niyetini tam ortaya koymadığında, sana verilen deneyim istediğin şey değilmiş gibi gelir.

Çoğumuz "Benim neye ihtiyacım var?" sorusunu sormayız kendimize. Neye ihtiyacımız olduğuna bakmadan bolca isteriz sadece. Başkalarının isteklerini kendi isteklerimiz sanırız.

İçeriden geleni istemiyorsan, fazla istekte bulunmak arsızlaştıracaktır. İçeriden gelen istekler çok sadedir, nettir. Gerçekten ihtiyacın olandır.

İhtiyacının ne olduğuna baktığında isteklerin azalacaktır.

Aynı soruyu ilişkilerin açısından da sorabilirsin.

"Benim bu ilişkinin içindeki ihtiyacım ne?"

"Bu hayatın içindeki ihtiyacım ne?"

İhtiyacının ne olduğunu tespit edersen, gerçek isteğinle buluşursun.

Yaratım Enerjisini Önemse

Yaratım enerjisi çok önemli bir sistem tarafından yönetilir. Herkes bulunduğu yerde bir kâinat oluşturur. Korkularını da endişelerini de orada kendi kurguladığı şekliyle oluşturur. Senden yansıyan bir kader aslında seni korumaya çalışır. Ne var ki her şeyden önce "yargılamamayı" öğrenmelisindir.

Hırs seni başarıya götürmek için önemlidir. Kontrol, güçlerinin sınırlarını bilmek açısından gereklidir. Fakat her şey iradene bağlı olduğu sürece işe yarar. Kendi hayrına karar verdirebilmek adına gereklidir hepsi.

Aydınlanıp uyandığında, sonraki kuşaklara vereceğin yük de azalır. Herkes seyrettiğinden sorumludur. Seyrettiğini yaratır, seyrettiğini büyütürsün. Bu yüzden seyrettiğin anne ya da anneanne modelinde bir değişim olduysa, senin yaratımlarında da değişim olur.

Üvey anneyle büyümüş olabilirsin mesela. Yani hem genetik hem de metagenetik mirasa sahipsin diyelim. Seyrettiğin üvey annenin mirasını daha fazla alırsın. Duygu mirası sana kalır. Şunu hatırla ki sen o üvey anneyle de boş yere, tesadüfen buluşmamışsındır. Karşılıklı olarak alacak ve verecekleriniz vardır.

Dilenme ve Dileme

Yeryüzünde olmanın tadını alırsan, ötesiyle de bağlantı kurabilirsin. Buradaki lezzeti aldığında, sunulacak lezzetlere de kendini açarsın.

Bugün birçok kişi para kazanmak için çalışıyor. Çoğunun dilinde "Para lazım!" cümlesi... Dolayısıyla bunu söyleyen herkese, her zaman hep para lazım olacaktır ve bunun için hep çalışmak zorunda kalacaktır. Tat almak amacıyla çalışmadığı için tat duygusu ondan hep uzaklaşacaktır. Bunun adı muhtaçlıktır işte.

Muhtaç olduğu için çalışacaktır her zaman. Kendini muhtaç zannettiği için muhtaç bırakılacaktır.

Dilenen değil, dileyen ol.

Hayat kapısını her an açıyor, hep açık zaten. Sen dilediğinde zaten verilecektir. Dilenmene gerek yok... Muhtaç da değilsin.

Allah'tan da "dilenerek" değil, "dileyerek" iste. Sana verilmiş olanın farkındaysan, zaten yeni isteyeceklerini bunun güveniyle isteyeceksin.

Kendini aşağıda, muhtaç durumunda bırakırsan, tabii ki muhtaç bırakılırsın. Dilenmede eminlik yoktur, zafiyet vardır, şüphe vardır. Dilemede ise eminlik vardır.

"Hayrıma ise, doğru ve iyi ise vereceğinden eminim. Benim şu anda ihtiyacım bu ve senden bunu talep ediyorum..." dersin. Gelirse hayrınadır, gelmediyse henüz vakti gelmemiştir.

İnsan odaklandığında rüya ya da hayatın işaret dili gibi yöntemlerle ona sürekli yol gösterilir. Aşk istiyorsan, kapını açman yeterlidir. Yerin yoksa sistem sana aşkı vermeyecektir. Para istiyorsan, nerede kullanacağın belli olmalıdır. Çoğu insan, "istiyormuş gibi" yapar ancak istemez. Hatta sistem vermesin diye temenni bile eder.

İhtiyacını bildiğin kadar yer açarsın. Gerçekten neye ihtiyacın olduğunu bilmiyorsan, o zaman dilenme halinde istersin. Yemeğe ihtiyacın vardır ama kıyafet istersin. Oysa önce karnını doyurman gerekir. Ekmeğe ihtiyacın varken, pasta istersin.

Aslında herkes ihtiyaçlarının ne olduğunu biliyor. Damağında, kalbin de bunu söyler sana zaten. Serinlik varsa üzerine bir şey al der. Sıcaklık artmışsa üzerini çıkar der.

Bütün duyuların zaten seni şu ana getirmek için var. Duymazdan gelirsen, sesi yükseltir. Diyelim ki soğuk var ve sen duymazdan geliyorsun. Üşütür, hasta olursun nihayetinde. Sistem böyle çalışır. Yani duymanı sağlayacak kadar volümü artırır.

Hayat zaten seni hedefine yönlendirmek için çalışıyor.

Mesleki bir seçim yapacaksan da önce tadına ve duygusuna bakacaksın. Hesaba, kitaba değil... Annenin, babanın dayattıklarına değil...

Şu andan itibaren başka tarafa yönel mesela. Hep sağ beyinli bir işteysen, sol beyinli bir işe gir. Teknik konularla ilgili çalışanlar, sanata yönelirler mesela. Elbette aşırı uçlara gitmeye gerek yok. Değişimler yumuşak da yapılabilir.

O kodlarla bugüne kadar geldin zaten. Şimdi kodları bırakarak, kendi kalbinin niyetiyle, gerçekten ihtiyacın olanla buluşarak ana gelmek mümkün...

VI. BÖLÜM

RUTİN NEGATİFE YÖNLENDİRİR

Aynılık Ayrılık Yaratır

Rutini Bırak Hayata Yeniden Bak

Alışageldiğimiz düzen kolayımıza geliyor ve hep aynı şeyi tekrar etmek istiyoruz. Aynı şeylerin tekrarı, zaman içinde rutin bir hayatın içine çeker insanı. Çoğumuzun hayatı öylesine rutin ki "Rutini nasıl kırarım?" kaygısıyla terapistlere koşanlarımız çok.

Önce gel, rutini hangi mekanizmayla hayatımıza çağırdığımıza sonra da bundan özgürleşmenin yollarına bakalım.

İnsan önce anne karnında kalmaya alışır, oradan çıkmak istemez. Sonra annesinin memesine yapışır, beslenir. Hayatın onu beslemesine geçerken zorlanır. Sonra hayatın onu beslemesine alışır, ailesinin onu besleyip korumasına alışır ve bu kez de kendi ayakları üzerinde durmakta zorlanır. Yani alışılana devam etmek varken, yeni olan şey insana korkutucu ve sanki kaçılası bir şey gibi gelir.

İnsan bildiği, öğrendiği, alışkın olduğu ortamda kalmak ister. Hep aynı yoldan gitmek, aynı kelimeleri kullanmak, aynı bakış açısıyla ilerlemek ister. Ailesinden, çevresinden, ait olduğu geleneklerden, göreneklerinden, kendi inanç sistemlerinden hep aynı kalıpları alarak hayata devam etmek ister. Çünkü bu kolay olandır.

Bu noktada "kolayı seç" kodu, insanı yönetmeye başlar.

Oysa kolay gibi görünen sistemi, nerede kullanacağını bilmendir önemli olan. Gerçekten de hayatını kolaylaştıracak şekilde faydalanabilirsin bundan. Eğer merdiven ineceksen, bunu otomatik olarak yapabilirsin. Yürüme sırasında "Önce sağ adımımı mı atacağım, sol adımımı mı?" diye düşünmeyi devre dışı bırakırsın. Birçok ezberlerin, öğrenme sistemlerinin ardında bize verilmiş bu güzel yetenek var.

Fakat bu güzel yeteneği, maddenin konforunu amaç edinip sadece kolay diye konfora kapılıp kullanmaya başladığımızda rutin bir hayat başlar.

Bütün tatlar birbirine benzer... Hep aynı döngü döner durur hayatın içinde. Her şey aynıymış gibi gelmeye başlar. Aynı restoranlar, aynı yemekler, aynı lezzetler... Aynı tatil programı, aynı düşüncelerdeki insanlarla arkadaşlıklar, aynı aktiviteler, hep aynı seçimler...

Rutin her zaman kolaydır ama karanlığa çeker. Rutini görmek ve fark etmek çok önemlidir.

Hayatının bir rutin içinde aktığını fark ettiğinde kendine şunu sor:

"Hayata yeni bir görüyle, yeni bir açıyla bakabilir miyim?"

Hiç tatmadığın bir yemeği yiyip yiyemeyeceğini, zorlu konulara el atıp atamayacağını sor kendine. Cesaretin olup olmadığını sorgula. Bugüne kadar kaçtığın ne varsa, üzerine gidip gidemeyeceğini gözle.

Bunu yapmadığında rutin denilen o kalın ip boynuna geçerek seni yönetmeye başlayacaktır. Hayatındaki ezberler zaman içinde her şeyin lezzetini alacaktır. Öyle bir an gelecektir ki senin için artık bütün meyvelerin tadı aynı, bütün yemeklerin tadı aynı olacaktır.

Aynılıklar seni huzurdan ve mutluluktan koparır.

Oysaki hayatta her an, her şey yıkılıp yeniden başlar.

Rutini Boz

Diyelim ki bir seçim yapacaksın. Meslek seçimi ya da eş seçimi... Bir bilgi birikimin var ve ülkenin durumu da ortada. Geldiğin aile kültürü de belli...

Karar alacağın zaman öncelikle aldığın kodlarla, güvenli alanda hareket etmeyi tercih edersin. Bu sıradanlıktır, rutindir.

Aldığın kararlar tamamen senin seçimlerinle ilgili değildir. Bir temelin var ve sen bu temel üzerine ne inşa edeceğine aldığın kodlarla karar verirsin. Oysa bilgin yerine kalbinle bulmaya çalışırsan, seni hedefe götürecek olanla da buluşursun. İnsan öyle güzel bir mekanizmayla imal edilmiştir ki senden yansıyan her şey kaderindir, kendi filmindir. Neye inanıyorsan ve potansiyelin neyse, onu yansıtırsın.

Neye inandın, neyi var ettin, bir bak.

Artık olayın içindeyken, olanı değiştirebilmen daha zordur. Ailende eğer bir " zor" kalıbı varsa, hayatı zorluklar içinde var ediyorsundur.

Savaş zamanları, birçok insan işsiz ve parasız kalacak diye korkar. Savaş zamanlarında para ortadan çekilmiş gibi görünür. Para hep aynı paradır oysa, yok olmaz. Peki, neden ortalıktan çekilir? Çünkü aynı olan para, bir yerden başka bir yere aktarılacaktır. Birilerinin elinde hep olacaktır ama.

Niye o kişi sen olmayasın?

Birilerinin elinde hep mal ve imkânlar olacaktır ama birileri de fakirliğe ve zayıflığa inandığı için yoksulluk yaşayacaktır.

Hiçbir devirde kaybolan hiçbir şey yoktur. Yemek hep vardır, para hep var, iş hep var. Fakat birisi işler kesat derken başkası da krizleri fırsata çevirerek daha çok para kazanıyordur. Hatta bazen bilinçli krizler bile organize ediliyor ki kaos olsun, büyük vurgunlar yapılabilsin.

Korkuyu ve endişeleri bir yana bırak. Sadece neye "ol" diyeceğini bil.

Olacaktır.

Her insan, her şeyi hayal edebilme gücüyle gelir ama o hayal kurabilme yeteneğinin önüne bir sürü korkular ve endişeler yerleştirmeyi öğrenir. Bunlar ailesinden aldığı korku kalıplarıdır. Elbette aynı kalıplarla hayata devam etmek zorunda değilsin.

Dilediğin an değişimi başlatabilirsin. Ne yaşı var bu işin, ne zamanı... Seksen yaşında dil öğrenen, dünyayı dolaşan gezginler var. Oysa yaygın inanca göre hayat yetmişini geçince biter.

Hayat her an yeniden kuruluyor.

"Bu kadar emek verdik, her şeyi silip baştan mı başlayacağız?" diye düşünme. Yeniden başla. Küçük bir çocuğun gördüğü her şeye duyduğu ilgiyle, merakla, coşkuyla başla.

Çocuklar her zaman hep "şimdi"yi ister. Sonrayı kabullenmezler. Ancak anneleri onlara sonrayı öğretiler. Hep "sonra" derler.

Şimdi burada olmanın ve anın tadını hatırla. Bu tat kaçtığında, diğer tatlar da kaçar.

VII. BÖLÜM

YARATIM HAKKI

Yedi Evrede Tohumu Ağaca Dönüştürme

Kendini Sevmek

Anadolu'da birçok tasavvufi anlayışın bilgisi yeterince doğru anlaşılamamıştır. Bedene zulmetmenin, nefsi ezmenin iyi olduğu anlatılmıştır. Bu zihniyet, dünyadaki birçok din, mistik yol veya manevi sistemlerde de aynı şekilde aktarıldı insanlığa. Hakikati bulma yolunda olduğunu zanneden birçok kişi böylece kendini kaybetti.

Kendimizi sevmek, bize verilen bu hayatı, bedeni, bu mükemmel yolculuğu sevmek ve anlamak çok önemlidir.

Milyonlarca aday arasından seçilip geldin, şu anda buradasın. Bütün kâinat sana "Emret komutanım, ne istiyorsun?" diyor. Emrine sunulmuş bir âlem var. İstiyorsun ve oluyor. Böyle bir halin içindesin. Önce bu hali, bu değeri görüp hayran olmuyorsan, zaten kendini de sevemiyorsun. Kendini ve bu hayatı severek aradaki perdeyi kaldırman, kalbini açman gerekir.

Kalbinin sesini duyan kişi ferahlık hisseder. Ferah değilse, orada sıkıntı varsa, onu da oraya koyan sensin. Kalbine başka bir şey koyan sensin. Orada Yaradan'dan başka bir şey varsa, kalbin ferah olamıyor. Oysa sana şahdamarından yakın olana kalbin açık olmalıdır ki ferahlayabil.

Tatları artık alamıyorsan, ruhunla temasa geçmemişsindir. Yediğinden, içtiğinden, cinsellikten, havadan, sudan tat almayan kalabalık bir kitle var. Bu deneyimlerin nedenlerine baktığında, çoğunlukla kendilerinin her şeyi kilitlediklerini görürsün. Bir acı yaşıyor ve bir daha aynı hissi yaşamamak için tüm hislerini kapatıyor. Duruma "duygu" değil, "his" dememizin nedeni de bu... Herhangi bir yerde öfke görüyorsun ve bir daha yaşamamak için kendini her alanda deneyime kapatıyor, bütün hislerini baskılıyorsun.

Aile içinde yeterince sevildiğini hissedemeyen insan da hayat boyu göremediği sevgiyi arıyor. Fakat dışarıda arayan değil gerçeği gören bulur.

Bir danışanım sevgisizlik ve değersizlik şikâyetiyle gelmişti.

Ailenin en büyük kızıydı. Bir buçuk sene sonra bir kız kardeşi olmuştu. Küçükken sürekli kız kardeşini kıskanıp kendini sevdirebilmek için bir sürü aşırılıklara gitmişti. Özellikle babasının sevgisini kazanabilmek için bir erkek çocuk gibi davranmak zorunda hissetmişti kendini.

Zaman içinde sorun çıkarttıkça ilgiyi üzerine çektiğini görünce, hastalıklar ve kazalar peşi sıra sipariş edilir olmuştu. Annesinin de babasının da üvey evladıymış gibi hissediyordu kendini, kardeşinin daha çok sevildiğini ve ayrıcalıklı olduğunu düşünüyordu.

İleride başarısız bir evlilik yaptı, ardından bir dolu sevgisiz ilişkiler...

Kendini sevecek, değer verecek birini istiyordu hayatında. Fakat kendini sevilmeye layık görmediği için, çıkarları yüzünden onu tercih eden erkekleri çekiyordu yaşamına.

Derinlerinde, anne ve babasının kız kardeşiyle ilgilenmelerine ve onu sevmelerine rağmen aslında kendisinin de sevilip onaylandığını keşfetti. Asıl soru kendini onaylamaması ve sevmemesiydi. Bedenini de, güzelliğini de, yeteneklerini de onaylayamamıştı şimdiye dek. Bunu fark ettikten sonra ne kadar sevilmeye layık ve değerli bir insan olduğunu kabul etti ve yenilikleri hayatına davet etti.

Kendini sevdikçe hayatı sevdi, hayatı sevdikçe daha fazla köklendi. Kendini sevmeye başladığı için gerçekten onu seven insanlar da çoğaldı etrafında.

Hislerine bağlantının olması önemlidir. Çoğu insanın hayatında belki yaşadığı çeşitli duraksamalar var. Adına travma diyebileceğimiz, hoşumuza gitmediği için kabullenemediğimiz, bastırdığımız her türlü his, şalteri kapatıyor. Şalter inince, sadece duymak istemediğin hissin değil, tüm şebekenin elektriği kesiliyor. Işığın gidiyor ve karanlığa mahkûm kalıyorsun.

Şalteri kapatınca hissettiklerini hafıza veya anı defterine yazamaz hale geliyorsun. Unutkanlığın sebebi de budur: Hissetmeyi durdurma çabası... Oysa bırakman gereken şey, travmanın içindeki halindir sadece... Hatta travmayı neden çağırdığının bilgisini oraya koyarak özgürleşmeli, bağı da kesmelisin. Bağı kesmezsen, buradaki hissizlik devam eder.

Şu anda travmaların dahil, hayatında olumsuz zannettiğin duygular, düşünceler, ne varsa bunları kabul etmediğin takdirde, bir adım ileriye geçemezsin. Sistem, şifalanmaya izin vermez. Hipnoz yaparsın, olumlama ya da manyetik tedavi yaparsın fark etmez. Her türlü tedaviyi deneyebilirsin ama şifa olmaz. Başka bir alanda, o yağmur yine yağar!

Talepkârlık

Maneviyat ile ibadet çok zaman birbirine karıştırılır.

Maneviyattan söz açılınca "Şu kadar oruç tuttum, bu kadar zekât verdim, şu kadar namaz kıldım" diye kanıt gösterilir ama bütün bunların hepsi ibadettir, maneviyat değil...

İbadet, maneviyata ulaşmaya destek olan araçlardır. Manevi boyuta geçebilmek için yapılan egzersizlerdir. Maneviyata kurulan köprülerdir.

Mesela oruç tutarak irade terbiye edilir ki dışarıda manevi bir halin içine girerek bir şeyin tadı alınabilsin, şükrü yapılabilsin.

Yine namaz, meditasyonlar ve toplu yapılan ibadet ve ayinler de yüreğinde bir kıvılcımın çakması ve manevi bağlarının güçlenmesi içindir. Yaşayacağın manevi bir buluşma ile hayatının yönü ve rengi değişebilir. Fakat kimileri kâinatın bu talep ve dua mekanizmasını sadece bedensel çıkarlar ve konfor için de kullanabilir.

Bazıları hep aynı şey için dua eder mesela. Komşumuzun altı çocuğu vardı. Anne, çocuklarından biriyle oturmak istiyordu ki bunu hep söylerdi. Yaşlanınca da gidip istediği çocuğuyla oturmaya başladı. Doksan yaşında hayatını kaybetti ama çocuğu hala bekâr...

Yoğun şekilde bir talepte bulunabilirsin ama ne talep ettiğine dikkat etmen gerekir. İnsanlar seyrettiği her türlü durumun ve halin siparişçisidir. Bilerek veya bilmeyerek... Hiç önemli değil...

Çocuğun kendi seçtiği kaderi yaşarken ihtiyaçları ile buluşmuştur. Fakat senin de o çocuğun rahatsızlıklarını seyretme ihtiyacın olduğu için karşındadır. Senin görevin, hayat aynasında çocuğunun sana ne anlatmak için karşında bulunduğunu fark etmektir.

Sen mesajı alıp kendini dönüştürdüğünde çevrendekilerin de iyileşmelerine ve dönüşümlerine katkı sağlarsın. Yine de çocuğun da dahil olmak üzere hiçbir varlığın kadersel seçimini değiştiremezsin, buna müdahale edemezsin.

Kızınla ilgili bir rahatsızlık varsa, maddi dünyana bakman gerekir. Oğlunla ilgili bir rahatsızlık varsa, manevi dünyana bakmalısın... Ruhsal gelecek planlarını sorgulamalısın. Söz konusu rahatsızlık beyinle ya da akılla ilgiliyse, ruhsal bağlantılarını bir kez daha kontrol et.

Şükürde olmak çok önemlidir. Çocuklarla ilgili konular, seni şükre getirmek için karşına çıkar. Unutma, çocuklarının bir sahibi var.

O evlat sana ne öğretmek için geldi?

Sen ona ne vereceksin?

Bunların üzerinde düşünmen gerekir.

Rüyada Uyanış

İfadeler, olaylar, haller, hisler, duygular ve yaşananlar akşamları rüyalarına dönüşüyor. O rüyayı beslemek için koca bir gün yaşıyorsun.

İfadeler, olaylar ve hisler alanında uyanamayanın, rüyada uyanabilmesi daha da zordur.

En kolay uyanabilme imkânı, ifadededir. Sonrasında olaylarda çabuk uyanmak mümkündür. Arkasından hisler ve rüyalar gelir...

Rüyalar fazla emek ister. Daha fazla manevi çalışmalar yapmak gerekir. Yaşam okulundan mezun olabilmek için uyanmak lazımdır. Bunlardan birinde tam olarak uyandığında, rüyalarda uyanmaya da başlarsın.

Rüyada uyanabilen kişi yarı uykuda, yarı uyanık halde bulunabilir. Rüyanın içinde rüyayı yönetmeye başlayabilir. Her şeyin kendinden yansıdığı bilgisiyle, rüyalarının da yöneticisi olabilir.

Rüyayı yöneten kişi olayı, ifadeyi ve hissi de yönetmeye başlar. Hepsi aslında birbiriyle bağlantılı ve hiçbiri bir inanç meselesi değil... Her birinin bir prensibi, yasası ve matematiği var. Yaşanmışlığın ve deneyselliğin bilgisi var.

Bilgi Talep Edene Verilir

Madde dediğimiz şey yavaşlatılmış ışık, ışık dediğimiz şey de maddenin hızlandırılmış hali olduğuna göre, ışığı, ruhla maddenin ara kesiti gibi düşünmek mümkün... Biraz daha hızlandığında ise ruh oluyordur adı belki de... Ne kadar yavaşlatılıp katılaştırılıyorsa, o kadar madde haline geliyor bulunduğumuz sistem içinde. Ancak evrende çok daha katı maddesi olan gezegenler ve yıldızlar var.

Kuran'da "Şira Yıldızı" diye bahsedilen "Sirius Yıldızı"nın, dünyadan dörtte bir daha küçük olmasına rağmen yüzbinlerce kat daha yoğun ve ağır olduğu biliniyor. Madde yoğunluğu öyle yüksek ki astronomik ölçümlere göre bir çay kaşığı Sirius maddesi, bir ton ağırlığa denk geliyor. Yani çekirdekle çevresinde dönen elektronların arasındaki mesafe çok daha kısalmış, frekans olarak çok daha fazla yavaşlatılmış ki hızlı varlıklar, ruhlar bağlanabilsin diye... Aslında kullandığınız madde ne kadar yavaşsa ve ağırlaşıyorsa, ruh o kadar hızlı bağlanabiliyor.

Demek ki tekâmüle göre maddenin yavaşlığı ile ruhun bağlanması ters orantılı. Oysaki biz maddenin yavaşlığından şikâyetçiyizdir. Bir şey istediğimizde ve hemen olmadığında kızarız. Rüyada hemen olur çünkü imajımızda düşünce hızında gerçekleşir. Hayalimizde bu dönüşümü çok daha hızlı yapabiliriz.

Yaşadığımız ortam, bastığımız yer ışıktır ama kimyaya göre boşluklu bir yapıysa, maddeyi oluşturan atomların hiçbir parçası birbirine temas etmiyorsa, o halde neden duvarlardan geçemiyoruz?

Bir radyoaktif ışın bu boşluklu yapının içinden geçip arka tarafına ulaşabilirken, biz neden ulaşamayız? Çünkü bizim yapımız daha yoğundur.

Eskiden bilim yoktu diye düşünülür. Günümüzde ulaşılan bilimsel noktayı, bilimin en gelişmiş versiyonu sayar pek çok insan.

Belki telefonlarımız var ama telepatiyi kullanmıyoruz, görüntülü görüşebiliyoruz ama artık durugörüyü kullanmıyoruz. Vinçlerimiz tonlarca ağırlığı kaldırabiliyor ama yerçekimini yok eden "Felsefe Taşları"nı artık kullanamıyoruz. İklimleri kontrol eden HAARP sistemlerimiz var ama "Yada Taşı"nı kullanamıyoruz.

Aslında geçmişte de bilim vardı. Hepsini biliyorduk ve yapmıştık ama çok daha doğal ve basit haliyle...

Bilgi her dönemde vardı.

Mısır piramitlerinde uçak, helikopter, uzay gemisi resimlerinin bulunması şaşırtıcı geliyordur muhakkak. Buradan yola çıkarak, "Mısırlılar kehanette ileriydi, Körfez Savaşı'na katılacak araçları tahmin ettiler..." yorumunu mu çıkarabiliriz?

Hayır... Durum aslında öyle değil.

Dört beş bin yıl önce uçağın da helikopterin de tasarlanabildiği bir teknoloji düzeyi vardı. Belki Mısırlıların bulunduğu alanda değil ama bu bilgiye sahip bölgeler vardı ve Mısırlılar da haberdardı. Bugün açısından düşünecek olursak, Amazon ormanlarında yaşayan ilkel bir kabile uçak ve helikopter resimlerini ormanın muhtelif yerlerine yapsa ve bundan binlerce yıl sonra bu resimler ortaya çıksa, ne düşünülürdü acaba?

Muhtemelen resmi yapanların "kâhin" olduklarını düşünürler değil mi? Hayır, kâhin değiller. Kendileri sahip olmasalar da bu teknolojiye sahip halklardan haberdarlar.

Hızlandığımız bir devir yaşıyoruz. Her devirde hızın ve maddenin konforunu farklı şekillerde yaşayanlar vardı. Belki bu satırları okuyanlardan bazıları zaman makinesine de şahitlik edecekler. Belki çoktan edenler, geçmişle gelecek arasında seyahat edenler de vardır. Nitekim teknik olarak bunun mümkün olduğu biliniyor artık.

Büyük İskender'e plastik bir eşya getirilmiştir mesela... Halbuki onun yaşadığı dönemde plastik yoktu.

Cep telefonuna benzeyen ilk aletler 1950'li yıllarda fuarlarda tanıtılmaya başlanmıştı ancak kullanıcıya ulaşması 1990'ları buldu. 1999'da yine havaya yansıtılabilen klavye tanıtıldı ama hâlâ kullanıcıya ulaşmadı. Her şey icat edilir edilmez insanlığın hizmetine sunulmuyor. Her devirde maddenin konforunu öncelikli yaşayan farklı kesimler, gruplar var.

Biz bu sisteme inandığımız için bu çark içinde gidiyoruz ancak maddeye imajinasyonlarıyla hükmedenler de var. Madde üzerinde değişimler, dönüşümler yapabilenler, başka yere ışınlayıp geri getirenlerden söz ediyorum.

Bunlar üniversitelerde parapsikoloji kürsülerinde bilimsel çalışmaların konusu artık. Ne var ki herkesin bütün bunları yapabilmesini istemiyorlar. Başta Rusya olmak üzere çeşitli ülkelerde çocuklar üzerinde gerçekleştirilen çalışmalar var. Düşüncenin maddeye dönüşebilmesi üzerine denemeler yapıldı. Fakat sonrasında çalışma alanları daraltılıp küçültüldü ki kalabalık kitleler bu bilgiden faydalanmasın.

Madde ve ışık bükücü olduğunu düşün mesela. Yeterli eğitimden geçmediğin için egoların var... Bu durumda sahip olduğun güçle dünyaya ve başkalarına zarar vermen an meselesi olurdu. Bilgi her zaman vardır ama çoğunlukla saklanır. Yalnızca hak edene verilir. Gizli tarikatlar, kapısı herkese açık olmayan tapınaklar bu dengeyi sağlamak için vardı.

Pisagor'un öyküsünü hatırla. Tapınağına ancak seçilmişlerin seçilmişini alırdı ve haftalarca yalnızca bir kez açardı kapısını. İnsanları karşılıksız tedavi ederdi. Öğrencilerine halka dağıtılmayacak kaydıyla veriliyordu bilgiler... İçlerinden biri ağzından bir şey kaçırdığında onun adına bir mezar kazılıyordu hemen ve "Sen artık bizim için bir ölüsün..." deniyordu. Gerçekten de o kişi ölmüş gibi davranılıyor, onunla artık kimse konuşmuyordu.

İşte böyle dışlanan öğrencilerden biri halkı kışkırttı ve Pisagor'un tapınağı yağmalanarak yok edildi. Pisagor dahil birçok kişi öldürüldü, belgeler yakıldı. Kaçırılan sınırlı sayıdaki bilgi hâlâ matematikte kullanılıyor.

Bilgi saklanır ama biraz bohçalanarak biraz da saçılarak saklanır. Bugün dünyayı idare eden aileler, yetkin gruplar, belki egoları nedeniyle belki de bilgileri depolamanın daha iyi olacağını düşünerek, bilgileri gizliyorlar. Ülkeler, devletler, sistemler de yapıyor aynı şeyi... Fakat bir bilgi eğer biri tarafından talep edilirse muhakkak sunulur. Çünkü göğün kapısı herkese açık... Senin isteklerin ve niyetlerin doğrultusunda kapılar daima açılır.

Talep Etmeyen Fark Edilmez

Birçok insan, eski duygu kalıplarını ve izlerini değiştirmek için çağrı yapar, fakat bu durum genellikle zor durumda kaldıklarında gerçekleşir:

"Ben bırakamıyorum Allah'ım, bırakmama yardımcı ol!"

"Ben kendimi iyileştiremiyorum, sen benim iyileşmemi kolaylaştır."

"Ben sana teslim olamıyorum, güvenemiyorum. Sen benim sana teslim olmamı kolaylaştır."

"Sana güvenebileceğim şekliyle yeni bir hayat oluştur."

Oysa dua etmek için zor durumlarda kalmayı beklememek gerekir.

Her güne bir niyetle başla.

Niyet et.

Akşam yatarken emin ol ki niyetinle ilgili bir sürü gelişmeler olmuştur ve niyetin gerçekleşmiştir. Şükürle yat, şükürle kalk...

Bunu bir kalıp haline getir.

Annenden bir şey istediğinde senin için alıp getirir, sen de ona teşekkür ettiğinde mutlu olur değil mi? Yeni bir şey istediğinde aynısını bir daha yapar. Yaradan'ın sistemi de böyle çalışır işte.

Talep etmeyen insan fark edilmez. Emin ol ki herhangi bir alanda yokluk ya da kıtlık çeken, talebi olmadığı için çekiyordur.

Parayı ve zenginliği yaratan hiç kimse paranın peşinde koşarak yaratmıyor. Manevi zenginlik, ilim zenginliği ya da para zenginliği de "daha daha" diyerek açgözlülüğe düşüldüğünde kaybediliyor.

Dilemek çok önemlidir. Dilenenler yoksul ve fakir kalırken, dileyenler talepleriyle buluşur. Çünkü dileğin emindir. Dileyen diler ve verileceğinden emin olarak kenara çekilir çünkü Tanrı'dan istemiştir isteyeceğini. Dilenense kuldan istemiştir.

Tanrı'dan istendiğinde, aracının kim olduğu önemli olmadan, alabilecek alçakgönüllülükteysen, sana verilir.

Aşağı gördüğün bir yerden de para, hal, aktarım gelebilir. Burada bir yargılama halin varsa, olumsuz kader yaratma ihtiyacında olabilirsin. Yargıladığını fark ettiğin anda bu halden özgürleşmenin yolu açılır.

Bugüne kadar gördüklerin, seyrettiklerin ve öğrendiklerin yer alıyor vizyonunda. Düşüncelerini hayata yansıttın ve hepsi kaderin haline geldi. Şu an itibariyle bütün hayatını ve kaderini gerçekten yenileyebilirsin. Böyle bir yetkin var.

İki zıt şeyin aynı yerde olmasını insan zihni anlamakta zorlanır. Hakikat ya "A"dır ya da "B"dir diye sanıyorsun. A ile B aynı anda hakikat olamaz diye düşünüyorsun. Oysa mümkündür.

"Hayır, hiçbir şey değiştiremezsin..." önermesi doğrudur tabii ki, ama aynı anda "Evet değiştirebilirsin" önermesi de doğrudur. Değiştirebilirsin de değiştiremezsin de.

Kendi realitemiz kapsamında algılama ve anlayışımız içinde hepimiz bir zaman tünelindeyiz. Burada her birimiz hayatımızı, kaderimizi, her türlü yaşadıklarımızı ve yaşayacaklarımızı fark etiğimiz an, yeniden kristalleşerek var edebilme hakkına sahibiz. Elbette idrak edebildiğimiz ölçüde...

İdrak ettiğin kadar değiştirme ve dönüştürme hakkına sahipsin. Bunu zihinde anlayacaksın tabii ki ama önce kalbini aç.

Şu zaman içinde, idrak edebildikçe, yaşadığın her şey ihtiyacın olduğu için, kendi dengelenmen içinde buraya kadar geldin. Nerede artıya gittiysen, nerede eksiye gittiysen tam bir dengelenme içine geri çekilerek buraya kadar geldin. Bulunduğun hücre, şu anda bulunduğun birim, tam da ihtiyacın olan yerdir...

Şu anda buradasın. Bu an içinde, bu hayat rüyasından uyanabildikçe kapıyı açacak anahtarın var. Üzerine sinmiş ve yapışmış bütün duygu izleriyle inanç kalıplarını bıraktığın an, yeniyi inşa edebilme gücün doğar.

Bağbozumu

Dünyanın tozunu dışarıda bırakamadığın müddetçe tam bir cesaret içine giremezsin.

Orası güven kapısıdır.

Sistem, eskiyi bıraktığın her an seni destekleyecektir.

Kalbini, sahibine teslim etmen, kalbinden geleni dinlemen çok önemli... Elbette zihnin de aklın da önemli... Ama aklın sana bildiğinin sınırlarıyla yol gösterebilir. Aklının ötesindeki kalbin sana rehberlik edebilir. Kalp keşfetmek için vardır, akıl bildiğini uygulamak için. O kapı hem aklını hem bildiğini hem de her şeyi bıraktığında girebileceğin bir yerdir.

O zaman kalbin açılarak hayatın içinde güvenle var olabilmen, gerçekten huzurda ve huzurunda olabilmenin bilgisine ve bilgeliğine ulaşman mümkün olur. Bu deneyim herkese "an" mesafesindedir.

Şunu hep hatırla:

Ne kadar bırakabiliyorsan, sistem sana o kadar aktarabilir. Alanı boşalt ki sistem doldurabilsin.

"Güven istiyorum, iman istiyorum..." dediğin halde "Şunu bırakamam, bunu bırakamam!" diye yola devam ediyorsan, aldığını nereye koyacaksın?

İlk yapacağın iş, bırakmak olmalıdır. Bildiğini, doğru zannettiğini bırakmak... İnandığını, güvendiğini, tuttuğunu ve seni korur zannettiğini bırakmak...

Bu dünyaya herkes yalnız geldi, yalnız gidecek. Hayatın içinde olduğun müddetçe korunacaksın, talebin ne ise o verilecek sana. Sistem taleple çalışır. Talep ettiğin kadar verilir. Güven istiyorsan güven verilecektir, cesaret istiyorsan cesaret verilecektir ama önce kendini bırak.

"Korkuyorum, bırakamıyorum!" diye düşünüyorsan, güvenemediğin yer Yaradan demektir. İşte o zaman gerçekleşmez. Bizi destekleyen sistemin desteğine kendimizi bırakabilmek için, üzerimize yapışanlardan özgürleşmeliyiz.

Bunun için şu basit çalışmayı yapabilirsin:

Nefes alarak başla, ayaklarını yere sağlam bas ve zihnini rahat bırak. Burnundan derin nefesler alarak yavaşça ver. Gittikçe daha derin nefesler al ve ayak tabanlarından yere köklen. Bir ağaç gibi hisset kendini.

Ayağından çıkan kökler dünyanın derinliklerine, merkezine kadar ulaşsın ve buradaki hayat enerjisiyle bağlantıya geçsin. Kırmızı renkli enerjiyi emdiğini hayal et. Sağ ayak tabanından bileğine, kalçana, böbrek ve karaciğerine, sağ akciğer ve sağ kol, omuz ve boynuna yayılsın bu enerji.

Beyninin sağ tarafından sol tarafına geçsin, boynun, sol omzun, sol akciğerin, böbreğin, kalçan, dizin, bileğin ve ayağından yere ulaşsın yine. Adeta vücudunda sekiz çizerek gezinsin.

Bu enerji vücudunda dolaşırken, faydalı olanlar kalsın, faydası olmayanlar bedeninden dökülsün. Yavaş yavaş üzerine yapışan negatiflerin döküldüğünü hisset.

Dengeyi kur ve hayat enerjisini sağdan alıp sola vererek döngüyü kendi içinde kurana kadar devam et. Artık sana hizmet etmeyen endişe ve korku köklerini, elindeki ışık baltasıyla kes, temizle. Kendini özgürleşmeye, yenilenmeye bırak. İhtiyacın kalmayan korku ve endişeleri hayatından çıkarmaya, önce onları görerek, onlarla olan irtibatını fark ederek, devam et.

Dünyanın merkezine ulaş. Kırmızının ortasındaki enerjiye ulaş. Bugüne kadarki korku ve endişeyle ilgili kalıpları, frekansları, bedeninde sanki siyah bir kauçuk, yapışkan bir sakız gibi görünür hale getirdiğin her şeyi bırak.

Son bir kere, korku ve endişe frekansı içine gir ve ondan sonra bu halden özgürleşme niyetiyle, geçmiş ve gelecekten, cesarete ve güvene çıkabilmek üzere, korkuna ve endişene, seni terk etmesi için izin ver.

"Geçmişin tekrarlanacağı korkusundan, geleceğin endişelerinden özgürleşmeye niyet ediyorum. Allah'ın korumasında olduğumu bilerek, Rahman ve Rahim olanın koruması altında olmak üzere buradan çıkmaya niyet ediyorum..." diyerek derin bir nefes al.

Fırsat buldukça bu çalışmayı tekrarlayabilirsin. Herkes, kendi çabasıyla, kendi gücüyle, ilahi yardımın desteğiyle artık ihtiyacı olmayan bir halden ya da bir frekanstan çıkabilir. Sana uzatılan cesaret ipiyle yukarıya tırmanabilirsin.

Aydınlığa ve ışığa güven. Cesurca, üzerindeki bütün siyahları temizleyerek çıkmaya niyet et ve inan. Bıraktıkça aydınlandığını, aydınlandıkça özgürleştiğini hissedeceksin. Özgürleştikçe kalbin daha da ferahlayacak.

Işığa ulaştığında, kendini cennet bahçesinde, bir ışık fanusu içinde hisset. Tekrar ayak tabanlarından yepyeni kökler gönder. Yeniden hayata kökleneceğin sevgi, neşe, güven, cesaret, aşk ve diğer bütün güzellikleri sararak, hayatın içinde ve geleceğe güvenle ilerleyerek yeni damarlar oluştur. Kendini özgür bırak. Yüreğini ilahi akışa aç, kalbin ferahlasın.

Mucizeler her an olur. "Hayırlısıyla olsun" diyerek içinde mucizelere yer aç. Mucizelerle taçlanmayı kabul et, hayatının tam merkezinde olman gerektiğini unutma. Akışın içinde kalarak, huzurda ve onun huzurunda ol.

Sonunda üçe kadar sayarak çalışmayı tamamla.

VIII. BÖLÜM

GELECEĞİ TASARLAMAK

Geçmişle ve Gelecekle Barış

Gelecek Planlama

Hedef belirlemek çok zaman kolay değildir değil mi?

Nasıl bir hedef bulacağı konusunda emin olamayan insan, toplumun ya da çevresinin ona dayattığı hedefe yönelir. Sonunda sevmediği bir işi yaptığı için, sevmediği ortamlarda bulunduğu için ya da hiç anlaşamadığı kişilerle birlikte olduğu için şikâyet edip durur.

Hayatın ve toplumun bir dayatması vardır. Kabul ettiğinde kurban rolündesindir. Hedef koyamamak da yönü bulamamak da aslında en içeride, enerjilerdeki eksiklikler yüzündendir. Çakralar sisteminde, görüsünü açmıyordur. Bazen görse de karar veremiyordur. Çünkü kararlar konusunda net değildir.

Netlik yoksa, orada sis ya da bulut vardır. Bu yüzden görüş netleşemiyordur. Çakralar sisteminde, ikinci enerji merkeziyle ilgili endişe halin varsa, yani ikinci çakra iyi çalışmıyorsa, şaşkınlık baş gösterir ve kararlar verilemez.

Korku ve panik atağın doğurduğu endişe, sen hayata güvenemediğin için güç merkezini kilitleyerek kararlarını iptal eder. Böylece karar veremez hale gelirsin.

Karar veremeyen kişi iradesini kullanamaz. İradesini kullanamayan kişi, başkalarının iradesine göre hareket etmeye başlar.

Meslek seçimi yapacak pek çok insan güvenli olsun diye maaşlı bir iş tercih ediyor. Devlet kapısında olmaya gayret gösteriyor. Çünkü toplumsal olarak bu düşünceye yönlendiriliyor. Sistemi kendi içinde kurmadığında, çalışır hale getirmediğinde, dışarıdan yönlendirmeler başlar.

Hepimiz yeteneklerle doğduk. Hayatımızı kendi seçimlerimizle oluşturmak üzere yaratıldık. Hayatı cennete dönüştüremiyorsak bu yolda doğru gitmeyen bir şeyler vardır.

Hedef koyamıyorsan, gelecekle ilgili bir şey çağıramıyorsan, erille ilgili, otoriteyle ilgili, ruhla ve Yaradan'la ilgili alışveriş dengende bir bozukluk vardır. Babayla ilgili sorunlar yaşıyorsan, geleceği göremiyorsundur ya da gelecek sis bulutunun ardındadır. Anneyle ilgili sorunun varsa, geçmişe dönüp bakamadığın için geleceğe dönük hedefler koyamazsın. Her iki durumda da hedeften şaşarsın.

Uzakdoğu'da bir yayla ok atma sanatı vardır. Çok özel bir teknikle çalıştırırlar ve ruhsal eğitimle ok atmayı öğretirler. Öğrenciler, geldikleri noktada, hedefi kafasının içinde görmeye başlar ve oku nereye çevirirlerse çevirsinler o ok, gidip hedefi vurur.

Yazık ki çok insan hedefe elleri titreyerek baktığı için önünde duran hedefi bile vuramaz.

Bu hayata bir hedefle geldin. Hatırlasan da hatırlamasan da bu hayat programını almanın bir sebebi var. Bu sebep sana her gece rüyalarında hatırlatılsa bile gün içinde unutursun.

Dönüş Yolu...

Sana yüz yıllık bir ömür verseler ve "Süren bittiğinde, dünyadan ayrılırken, gönül rahatlığıyla gitmeni sağlayacak olan şey nedir?" diye sorsalar ne cevap verirsin?

İşte o cevap, senin nihai hedefindir. Yani bir gün dünyadaki hayatın tamamlandığında, "İyi ki yapmışım, iyi ki şu son noktayı koymuşum. Tam da hedeflediğim, gelmek istediğim noktadayım ve yapmak istediğimi yaptım. Bu benim dünyada bıraktığım izdir işte" dediğin şey, nihai hedefini tarif eder.

Eskiden hacca gitmeden, torununu ya da torununun çocuğunu görmeden ölmemek gibi hedefleri vardı insanlar, hatırlar mısın?

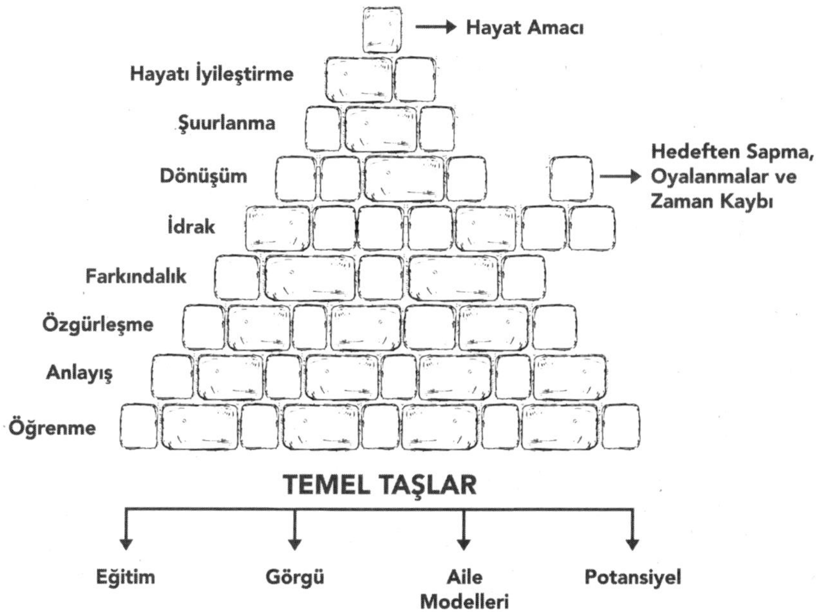

Şu ana kadar sezdiğin, hissettiğin veya fark ettiğin nihai hedefini bul. Hayalinde dikdörtgen taşlarla örülmüş bir piramit maketi oluştur. Şu anda bulunduğun seviyede yaptıkların, birikimlerin, olduğun nokta neyse bunu bir taban taşı olarak zemine döşe.

Piramidin tepe noktasına da ulaşacağın nihai hedefi yerleştir.

Çoğu kez temeli oluşturmak işin en emek verici kısmıdır. Çevrenin baskıları, dışarının gürültüsü ve nefsin şımarıklığı başlıca engellerdir. Şimdi hedefe ulaşabilmek üzere birikimlerinden bir taban karesi oluştur. Nihai hedefe gidiş yolculuğuna hizmet etmeyecek her şeyi ele.

Ardından, ilk tabanın üzerine nihai hedefin bulunduğu yüksekliğe doğru odağını daraltıp taşlarını örerek yukarıya doğru çık. Bu ilerleyişte sana gerekli olacak enstrümanları, eğitimi, yeri ve fikirleri kendine katmak konusunda projelendirmeler yap. Eksikliklerini ya da bırakman gereken fazlalıkları tespit et. Yanlara ve hedef dışı taşmalara yani oyalanmalara dikkat et. Bazen özgürlük alanlarını sen yönet.

Elin işte gözün oynaşta gibi, hedefini gökyüzündeki bir yıldıza bakarak yürürmüşçesine takip et.

Gelişimine ve hedefle buluşmana hizmet edecek alanların içinde ol. Hele ki seçtiğin nihai hedef seni yükseltip bütünün de hayrına olabilecek bir şeyse eylemlerinin seçiminde "Bunun benim tekâmülüme ne faydası var?" diye sor. Sana hizmet ediyorsa yola devam et.

Piramidi ve hedefini gözünde ne kadar iyi canlandırabilirsen hedefinle buluştuğundaki halin tadını hissederek şevkle yola devam edebilirsin.

Bu dünyaya niye geldiğini bilmiyorsan, niye bu anneden, babadan doğduğunu, niye yaşadığını bilmiyorsan nihai hedefine ulaşamazsın. Hayattan ne almak istediğini bilmeyen, ne almak istediğine karar veremez. Nerede olduğunu bilmeyen, nereye gideceğini bilemez. Nereye gideceğini bilmeyen için gideceği her yer hedefinden uzaklaşmadır.

Senin için yaşam sadece nefes almak, yemek yemek ve su içmek midir?

Eğer öyleyse söyleyecek söz yok zaten. Eninde sonunda bir ekmek veren bulunur.

Bu hayata ne için geldiğimizi hatırlamanın adı, dönüş yolunu hatırlamaktır. İnsan dönüş yolunu hatırlamıyorsa hayat piramidinin duvarlarını yükseltmeye çalışırken içindeki labirentlerde sıkışıp kalıyordur. Yani onu nihai hedeflere taşıyacak yönelimler yerine, başka şeylerle uğraşmaktadır.

Piramidin tepesindeki hedefe varabilmek için, alttaki hedefleri de oldurmak gerekir. Mesela bir yazar, nihayetinde Nobel almayı planlıyorsa, öncesinde kitabını yayımlatmayı, çok okunmayı, ülke içinde de ödüllendirilmeyi kendine ara hedefler olarak belirlemelidir.

Hayatının senaristi olarak bu sinemadan izleyicinin nasıl çıkacağını önce hayal ettin, bu filmin ne anlatacağına karar verdin. Şok bir final mi olacak, öğretici mi olacak, ağlatacak mı, yoksa güldürecek mi? Bir film izlediğinde aklında en uzun süre son sahnesi kalır. Hayat sinemasında da filmin önce sonu yazılır sonra da o son sahneye göre başlangıç ve gelişme bölümleri yazılır.

Dünya hayatı için gelecekten geçmişe yaptığın program gereği bu anne babadan doğdun, o yüzden bu okulları okudun, bu mesleği yapıyorsun ve şu andaki mevcut halindesin.

Zihin sıralı ve tek boyutlu çalıştığı için meseleyi anlamakta zorlanabilirsin. Oysa önce "gelecek" oluşmuştur, geçmiş değil.

Zihnimiz zamanı, "geçmiş, şimdi ve gelecek" düzlemi üzerinde görür. Bu şekilde algılayarak kendini zaman ve mekân eksenleri içerisinde konumlandırır.

Mağara devrindeki insanlar çocuğu anne doğurduğu için anneyi yaratıcı olarak görmüşlerdir. Uzun zaman sonra bir erkeğin bir kadını döllemeden yani baba faktörü olmadan çocuk olmadığını fark etmişler.

Bunu sembolik olarak değerlendirelim istersen... Anne geçmiş, baba gelecek, çocuk da şimdiki zaman olsun. Zihin şimdinin ve geleceğin oluşabilmesi için önce geçmişe yani anneye ihtiyaç olduğunu savunur. Modern fizik ve biyoloji ise bu işte babanın da katkısı olduğunu söyler. Yani geleceğin, geçmişi döllediğini...

Aslında anneyi ve babayı yani geçmişi ve geleceği buluşturan, çocuktur, yani andır. O çocuğun doğabilmesi için anne ve baba bir araya gelir.

Bu arada sistemin bir sürü yasası çalışıyor ve herkesin bir yedeği var. Herkes piramidin tepesindeki hedefe ulaşacak değil elbette. Sen değilsen bile, oraya ulaşabilecek bir sürü yedeğin var. Sistemin hiçbir işi boşta kalmaz.

İki yüz milyon sperm, çocuk olabilmek için koştu. Her birinin yedeği vardı. Yolda dökülenler oldu ama bir tanesi hedefine ulaştı. Sen de kendi hayatın için bir hedef belirledin, o hedefi bulmak üzere yola çıktın.

Somonların şelaleleri aşıp kaynağa yumurta bırakmasını düşün. Dönüş yolunu bulma içgüdüleri, yumurtalarını doğru yere bırakmayı sağlıyor. Şelalelerden geçeceksin ve hedefine ulaşacaksın.

Hayatın mesajlarını doğru okumadığında, geri durman gereken olaylar hatırlatılmasına rağmen ısrarla onları yapmaya çalıştığında, bırakman gerekenleri bırakmadığında hedefinden uzaklaşır ya da oyalanmaların sonucu hedefinden uzaklaşırsın.

Judo yaparken, 19 yaşında milli takımda ve kendimce gücümün zirvesinde olduğum bir zamanda yarışları bırakmaya karar vermiştim. Çünkü bu işin kendimi geliştirmek istediğim manevi alanlarla ilgili engel teşkil edeceğini düşünüyordum. Bu kararı vermeme rağmen bir müddet bırakmakta oyalandım.

Önce belimle boynum arasındaki kaslarım aşırı sertleşti ve kımıldayamaz hale geldim. Ardından omuz kaslarım yırtıldı ve beş dakikalık bir maçta üç kere çıkmaya başladı.

O günlerde, canım acıtılarak içimdeki sese ve hedeflerime yönlenebilmek için yarışmacı olmaktan vazgeçirildim.

Hatırla ki, bıraktığında kolaylık vazgeçtiklerinde ise zorluk sunulmuştur.

Gerek sezgilerinle, gerek algılarınla, ilhamlarınla, gerek hayatın sana yön vermesiyle, sorularınla cevaplar gelir.

"Gerçekten neyle buluşuyorum?"

"Neyle buluşmak beni mutlu eder?" sorusunun cevabını bekle.

Korkularını bıraktığında, seni neyin mutlu edeceğini belirlersin.

Gücün belki ilk aşamada piramidin tabanında sadece bir adım atmaya yetecektir. Fakat devam ettiğinde nihai hedefi göreceksindir.

Hedeflerini gerçekleştirmediğinde geriye döner ya da çıktığın mesafeden aşağı düşebilirsin.

Bu hayat okulu içindeki ilerleyişinle, mezuniyetinle alakalıdır. Mezun olabilmek için okulun icaplarını, boyutun gerekliliklerini yerine getirmen gerekir ki ancak o zaman hayatın içinde "tam" olursun.

Adımı atarken orada ol. Arkaya dönme, ileriye de bakma, sistemle ol.

İşte o zaman, bütün dönüşler O'nadır.

Geçmişle ve Gelecekle Barışma

Bağımlılıklar

Bütün bağımlılıklar aslında duygu bağımlılıklarıdır. Bağımlılıklara yüklenen anlamlar vardır. Duygu barkodu konusunu iyi anladığında alkol, sigara, ilişki ya da her neye karşı bir bağımlılığın varsa, hepsini kolayca kesebilirsin. Kesmek istemiyorsan tabii ki devam edersin ancak artık bu senin iradenle olur.

Kaçılacak herhangi bir duygu, bağ ya da bağımlılık yoktur. Bağımlılığını öncelikle kucakla. Bağımlılık varsa, bir şeyi tamamladığı için ve o bağla seni bir yere köklediği için vardır. Bağımlılığı bulunduğu yerden alırsan, yerine başka bir şey konulacaktır. Çünkü belli ki bağımlı olmaya ihtiyaç vardır orada.

Bu yüzden önce hayatla ve olanla barışmak önemli... Olanın içinde değiştirebileceğin bir şey yok. Sadece fark ettiğinde değişen şeyler var.

Hayatında kötü bir şey yok. Hepsini sen imal ettin. İmar eden de sensin. Bu kendi hayatın. O zaman öncelikle kendi hayatını ve olanı kucaklaman gerekir. Bu hayatla, kendinle ama en önemlisi de Tanrı ile barışabilmek lazımdır. Çünkü bütün kavgaları farkında bile olmadan hep O'nunla yaparsın.

Kime kızarsan kız, hesabın hep O'nunladır.

Olanı kucakladığında işler değişir. Kucaklamanın diğer adı kabuldür. Dördüncü çakran, yani kalp çakrası, yeşil renklidir. Cennetin olduğu yerdir. Seni cennete ulaştıracak olan bilgi tam da burasıdır.

Uyuşturucu bağımlısı bir danışanım akıl hastanesi dahil birçok zorlayıcı terapilerle kendini epey hırpalatmış durumdaydı. Ailesine de hayata da güvenmiyordu. Bana geldiğinde çok kaba, sert ve ürkekti. Bu görünümün altında çok ince ve narin bir kalp vardı. Annesinden ve babasından yeterince sevgi alamadığını düşündüğü için kendini sevilmeye layık görememiş, bu yüzden hayatı da hayatını da değerli bulmamıştı.

Dünyayla bağ kurabilmek ve köklenebilmek için bağımlılıklara ihtiyaç duymuştu. Önce alkol ardından da uyuşturucu hizmet etmişti onun bu ihtiyacına. Fakat bağımlılıkları hayli pahalıya mal olmuş, bedeninde, duygu ve düşünce sisteminde deformasyonlara yol açmıştı.

Ses ve renk frekanslarıyla çalıştıktan sonra dışarıdan onay ve sevgi ihtiyacının yerine kendini sevmek ve kendini onaylamayı koyduk. Dışarıya muhtaçlık bittiğinde hayatın kıymeti ve değerleri tekrar görünür oldu. Hayatın güzelliklerine ve yeni tatlara köklendi. Bu köklenmelerle oluşturduğu yeni bağ ve bağlantılar sayesinde bağımlılığa olan ihtiyacı sona erdi.

Oyalanmış olmana bile kızma. Emin ol ki oyalanman da sebepsiz değildi.

Dünyaya köklerini yolla, duygularını kucakla. Yaşadığın tüm duyguların içindeki barkodları, duygu izlerini al, kabul et.

"Bu duygu iyi ki var çünkü ben bu sayede hayatı, dünyayı ve kendimi öğreniyorum!" de.

Tekâmül evresi içinde çok önemlidir bu kabul, çünkü sadece burayla sınırlı değil hayatın.

Dünya çok iyi bir simülasyon diyarıdır. Çok özel hazırlanmıştır. Her şeyi hak ettikçe anlayabilmemiz için de bir sürü perdelemeler ve aynalamalar mevcuttur.

Kalıpları Kırmak

İnanç modelleri kalıplarla doludur. Kalıpları kırana kadar emek sarf etmek gerekir tabii ki. Kimse inandığı bir gerçekliği kolayca bırakamaz. Ayrıca kimsenin cenneti de cehennemi de diğerininkiyle aynı değildir.

Bir Eskimo'nun iklimi dolayısıyla cehennem anlayışı ile ekvatorda yaşayan birinin cehennem anlayışı farklıdır. Birine soğuk iyi gelmezken diğerine sıcak iyi gelmez.

Senin cehennemin de korktuğun ya da kaçtığın şeydir elbette. Kaçarak kendi kendine oluşturduğun şey...

Yaratım her an devam ediyor. Yan gelip yatma şansı yok. Her an yaptıklarınla ve seçtiklerinle hayatını inşa ediyorsun. Üstelik bu yolda yalnız da değilsin. Her şeyi planlayanla, her zerrenin kararını verenle birliktesin.

Bedeninin içinde dahi bir sistem var. Mide hazmediyor, kalp atıyor, bağırsaklar sindiriyor, kan dolaşıyor... Baktığında bedeninin sahibi de sen değilsin. Hepsi ne yapması gerektiğini biliyor ve yapıyor. Burada bile müthiş bir denge var.

Kâinatın içindeki denge muhteşemdir. Yaprağın sahip olduğu ayrıntılara bak. Her ayrıntı için milyonlarca varlık çalışıyor, bizler de çalışıyoruz. Her birimiz bu sistemin bir parçası olarak zaten o vazifenin içindeyiz. Hiçbir nokta başıboş bırakılmıyor. Her işin ve herkesin onlarca yedeği var. Hiçbir iş havada kalmıyor.

Bu dünyadaki görevlerini yapmaya nazlanıyorsan, işini yapabilecek başkaları vardır. Biz insanlar olarak sistemin bir parçası, hizmet alanı ve hizmet vereniyiz. Kendine bir iyilik yapmak istiyorsan başka birine bir iyilik yaparsın. Çünkü sistem sana yardım ettirirken ihtiyacın olan alanı da sende tamamlamak üzere kurgulanmıştır. Sen çıkmak istemedikçe her an Rahman ve Rahim olanın muhafazasındasındır. Tam da ihtiyacın olan tekâmül, en iyi, en doğru şekilde sana verilip sunulacaktır. Bu nedenle hepimizin istediğini zannettiği şey, aslında ona verilen istektir. İçindeki coşkuları takip et. Hiçbiri tesadüfen değil, yol göstermek için varlığından akanlardır.

IX. BÖLÜM

OLUŞUM VE DÖNÜŞÜM

Denge

Denge ve Tamamlanma Yasaları

Hayatında duygu ya da madde açısından olumsuz bir deneyim içinde olduğunu farz edelim. İşte o vakitlerde varlığın şöyle der:

"Dengelenmeye ihtiyacım var."

Çünkü hayat hepimizi dengelemek üzere çalışır. Yani herhangi bir uca fazlasıyla kaçtığımızda bizi diğer uçla buluşturur. Dengedeysen, dengede kalırsın zaten. Ama dengede olmayan birtakım olaylar deneyimleyerek bir uçtan diğerine savrulur.

Ne kadar negatife gittiysen, o kadar artıyı hayatına çağırırsın ve zihin şunu sorar:

"Başıma kötü bir şey geldi, sen neyin pozitifinden bahsediyorsun?"

Aslında bütün kazalar, hastalıklar yani olumsuz şeyler negatiften pozitife yani dengeye geçmen için meydana gelir. Önemli olan orada dönüşümü sağlamak ve direnmemektir. O kazadan sonra yataydan dikeye bir geçiş meydana gelir. Yatayda bir soru, amaç ya da hedef yoktur. Bir tekâmül de yoktur. Yatayda eğlenmenin adı oyalanmaktır. Tabii ki hayattan tat alacağız, eğleneceğiz.

Senin varlığın içeriden, "Ben pozitife geleyim ki dengemi bulabileyim" kararını onaylıyor. Başına geldiğinde adına "olumsuz" dediğin olaylar ya da insanlar seni pozitife geçirmek için birer araç olarak çıkıyor karşına. Eşimiz, annemiz, babamız, çocuğumuz ya da çalışma arkadaşlarımız da öyle.

Sistem seni pozitife çekebilmek için bolca negatif kutba gitmeni bekler. Hiçbir şey tesadüf değildir. Derinlemesine bakarsak içinde binlerce yüzleşme vardır.

Olan her zaman doğruyu söyler, zihinse bileği bükülene kadar olana itiraz eder. Zihin olanı kabul etsin ya da etmesin, önemli olan senin başına geleni kalpten kabul etmen ve olanla bütünleşmendir. Olana itirazdan özgürleşmendir.

Pozitif olaylar da bize parça parça gelir. Tek seferde geldiğinde bünyemiz kaldırmaz. Tahsilat her zaman yapılır. Sen ne kadar negatife gittiysen, hayat onu pozitife çevirecektir. Bu yasayı fark ettiğimizde, zihnimiz durumun farkında olsa da olmasa da varlığımız yasayı bilir. Gelen kazaların, hastalıkların, kısaca tüm olumsuzlukların onayını bizzat kendimizin verdiğine ikna oluruz.

Biz bir olayı yargılarsak, işte orada itiraz etmeye başlarız. "Olan en güzelidir ve en mükemmelidir" demek gerekir. Yani başımıza gelen olayların hepsi ilahi düzenin mükemmel bir matematiğinin eseridir.

Zihnimizle tam olarak anlayamadığımız olayların aslında mükemmel bir matematiksel işleyişi vardır.

Kader midir?

Evet, kaderdir ama kader bizim boyutumuzda dönüştürülebilir. Başımıza gelen her zaman en hayırlısıdır ve en güzelidir. Bunu kabule geçmek durumundayız. Hayat içerisinde bir sürü boyutlar ve farklı seçenekleri içeren âlemler vardır.

Bu sistemde hepimizin varlığı pozitif enerjiyi çağırır. Kendimizi ilerletmek ya da başka bir deyişle dengeye gelebilmek için her zaman pozitifi kendimiz çağırırız aslında. O yüzden başımıza gelen her olumsuzluğu aslında yine kendimiz imzalarız. Bu nedenle "Olan her zaman hayırlıdır" demeliyiz. Olayın her iki tarafı için de hayırlıdır. Amaç her zaman dengeye gelmektir. İlahi matematik tüm bunları hesaplamaktadır ve bu bir devinim içinde cereyan etmektedir.

Pozitif de negatif de bize hizmet eder. Yerine göre olumsuzluklar ve iyilikler birbirini destekleyebilir. Kimsenin ne olacağını tam olarak kimse bilemez.

Öğrenmeye direnç artarsa acının da dozu artar. Bu bildiğimizden geri dönmediğimizin göstergesidir. Aslında sistem, sen ona nasıl yön veriyorsan öyle devam ediyor.

Diyelim ki sen bir şeyi bırakamıyorsun. Bunun üzerine onu sana bıraktıracak bir görevli gelir hayatına. Ya seni borçlandırır ya koparıp alır ya da senden bir şeyler çalar. Bu da dengenin bir parçasıdır. Çaldıran da her zaman çalan kadar sorumludur. Bırakamamıştır ve bilgisinin zekâtını verememiştir. Ona yaşatılan güzel duyguların, hallerin, zenginliklerin sadakasını verememiştir. Bu durumda sistem olanı dengeleyebilmek üzere, veremediği kadarını alır. Aynı ilişki ölenle öldüren arasında da vardır.

Çok veriyorum diye bir bahane yoktur. Aslında veremediklerin ve bırakamadıkların vardır. Çok verdiğini düşünüyorsan, zihnin sana bir oyun oynuyordur aslında. Şuuraltı öyle müthiş bir mekanizmadır ki, kararlarımızın yüzde 99'unda aslında şuuraltı esas rolü oynar. Zihnimizin kararlarındaki seçicilik oranı yüzde 1 civarındadır. Bunu fark etmek gerekir. Burayı fark ederken bir zemin yaparız ki adı da "olan"dır.

Aslında senden koparılan ya da kaptırdığın maddi bir zenginlik, sen veremediğin için kaybedildi. Kandırıldın ya da dolandırıldın.

Olan da sana der ki: "Ben her zaman doğruyu söylerim. Senin ya da zihninin söyledikleri aslında yanılsama ve bahane. Asla gerçek değil. Sen istediğin kadar inkâr et, itiraz et. Senin esas okuman gereken olanın ne söylediğidir."

Biz matematikte şunu bileceğiz: "Bu olay meydana geliyorsa ben acaba içeride neyi veremiyorum?"

Bu kibir olabilir, alışkanlık olabilir, bir hal olabilir, bir bilgi olabilir ya da yaşadığımız bir hatıra da olabilir. Sistem bize "Bir şeyleri bırak!" diyordur aslında. "O elbiseyi artık giyme, bildiğini okuma!" diyordur.

Önemli olan sana yaşatılandır. Başkası ile kıyas etmek, az ya da çok diye ölçmek ve tartmak anlamsızdır. Sana yaşatılanı okuman ve anlaman gerekir. "Sen itiraz ettikçe, biz seni dengeye getirmek için zorlayacağız" der. Onun için şunu bilmek gerekir: Sistem denge ve tamamlanma üzerine inşa edilmiştir.

Bir kişinin başına herhangi bir şey geliyorsa, bu onun hayrınadır ama asla sebepsiz yere değildir. Eğer gerçekten çok iyi bir okuma sanatın varsa, sistemin seni geliştirmek yani yardım etmek amacında olduğunu anlarsın. Sistem, "Her biriniz temizlenin, arının ve gelin!" der. Tutunduğun mal, mülk, miras, ev, araba yani maddiyat, sistemin en küçük imtihanında sana yardımcı olacak sanıyor olabilirsin. Oysa bunlar sadece sırtına yük olur. O yüzden yatırım yapacağın tek bir yer vardır. Kendin ve kendi iç eğitimin...

Kendine yapacağın yatırım ve çalışma, gerçekten senin servetindir. Beklenmedik durumlar karşısında dik durabiliyor musun? O anda güven içinde teslim olabiliyor musun? O anda canını vermeye ve cesaretle adım atmaya gönülden hazır mısın? Gel dediklerinde gönülden gidebilecek halde misin? Sisteme bu denli güveniyor musun?

Dikkat et... Neyi bırakamıyorsan, neye yapışıyorsan hepsi senin bu dünyadaki cehenneminde yanacak olan odunlardır.

Sistemde her şey dengelidir. Gerçekten seyir halinde ol ve neler olduğunu izle... Bakalım bir şeyleri düzeltmek için dokunabiliyor musun?

Senin "ölüm" dediğin şey de aslında hayatı besler. Hayat da ölümü besler. Bizim kafamızda iki kavram tam bir ikiliktir. İyi-kötü, pozitif-negatif sanrılarıyla olanları yargıladığında aslında sadece "olan"ı yargılarsın.

Olan, hepimizin ihtiyacıdır. İlahi adalet içinde olanın onayı, Yaradan tarafından verilir.

Neden istemediklerinle buluştuğunu merak ediyorsan, kaçtığın kadar çekim kuvveti uyguladığın içindir. Eğer bir parti ya da liderin iktidara gelmesini istiyorsan rakip partilere kızarak öfkeyi beslemeyi bırakmalısındır.

İtiraz ettiğin partiye, ideolojiye ya da akıma öfke söylemlerinde bulunduğunda, o tarafı besleyip desteklersin. Birini yalancılıkla itham ediyorsan, hayatının bir yerinde ya birine ya da kendine yalan söylüyordur. Birini doğaya, insana ve kanuna saygısızlıkla suçluyorsan, kendin aslında benzer durumun içindesindir.

Ne zaman ki seyrettiğini ya da kızdığını aslında kendi davranışlarında deneyimlediğini fark edersen, olanı kabule geçersin. Kabul ve kucaklama, dönüşümü ve değişimi getirir.

Sana küçük bir tavsiye: Kendinle buluşmak istediğin tarafın, diğer kutbunda ol...

Bu seçiminin yaratacağı manyetik kutuplaşma sayesinde tamamlanma yasasından bilinçli bir şekilde faydalanabilirsin böylece.

İnandığını Var Edebilme

Bir insanın yaşadıklarından inanç kalıplarını, inandıklarından da yaşadıklarını ve bu inançta devam ettiği sürece yaşayacaklarını okuyabilirsin. Kara kedi gördüğünde başına kötü şeyler geleceğine inanıyorsan, inandığın şey gerçekleşir.

Ailesinde, çevresinde ve hayatında gördüklerini çoğaltmayı, taklit etmeyi ve tekrarlamayı kabul edenler, atalarının dinleri ve gerçekliklerinde yaşamayı seçerler. Ta ki kafalarının içinde oluşturdukları putları kırmaya bir kıyam frekansı (şuur dalgası veya aydınlanma bilgisi) getirene kadar.

Hayatın boyunca karşılaştığın her olasılığın yaşamaya devam ettiğini düşün.

Gençlik aşkıyla evlenen sen, başka biriyle hesap kitap yapıp evlenen sen, boşanan sen, boşandıktan sonra hiç evlenmeme kararı alan sen, çocuk sahibi olan sen, çocuk sahibi olmayan sen, sağlığına dikkat eden, kendini hırpalayan sen, huzuru ve dönüşümü seçen sen, acıdan ve negatiften beslenen sen... Hepsi zamansız bir kâinatın içinde şu anın içinde yaşasa ve bütün bu kaderlerin hepsini oturup izlesen nasıl olurdu?

Ya da "dışarısı" diye seyrettiğin bütün yansımaların, senin farklı varyasyonlardaki enkarnasyonların olduğunu öğrensen, durumu nasıl karşılardın?

Peki bu iki düşünce de aynı anda mümkün olsa nasıl değerlendirdin?

Sonsuz bir kâinatı algılamaya ne kadar hazırsın?

Hayatı okudukça kalıplar kırılır, yeni açılardan bakışlar başlar. Zihnin darlığından şuurun geniş açısına geçilir. Bugün imkânsız zannettiklerine onay verir, kabul edersin.

Örneğin "Gelecekte birçok insan etten bedenlerini makinelerle birleştirerek yarı dijital bir mutasyonu seçer mi?" diye sorsak ya da "Uzaktan beyninizi ve iradenizi kontrol edebilecek çipler ve frekanslarla yönetilmeyi gönüllü kabul edecek bir sürü insan olacak" desek, yorumun ne olurdu?

Âlem, Boyutlar ve Tekâmül Seviyeleri

Hologram Sistemi

Hologram teknolojisinin bulunuşunu kimileri dünya dışı zeki varlıklara bağlar. Şahitliğim yok, burasını bilmem. Fakat hologram oluşurken, bir cismin üçboyutlu bilgisi ışık aracılığı ile bir fotoğraf plağına aktarılır, bu fotoğraf plağındaki bilgi, istenildiğinde üçboyutlu bir görüntü olarak seyredilebilir.

Bu noktada bize ilginç gelen, normal bir fotoğrafın negatifini ikiye bölüp baskıya verdiğimizde fotoğraf iki parçaya, dörde böldüğümüzde ise dört parçaya bölünür. Holografik kaydedilen fotoğraf plağındaysa, kaç parçaya bölersek bölelim, fotoğrafın bütününün bilgisi kaybolmaz ve görüntünün tamamını seyredebiliriz. Sadece her bölünmede renklerin ve fotoğrafın canlılığı azalarak flulaşma artar.

Kısaca şunu söylemek istiyorum: Işıkla aktarılan bütünün bilgisi, her zerreye eşit miktarda kaydedilir. Bölünmeler arttıkça fotoğrafın tonunda incelmeler ve flulaşmalar olsa da, bütünün bilgisi korunur. Bu sonuçtan şunu çıkartabiliriz ki, bizim tüm bedenimizde olan tek bir hücremizde ve zerremizde vardır. Kâinatta olan, dünyamızda ve bizde de vardır. Eski bilgelerin dediği gibi: "Aşağıda ne varsa, yukarıda da o vardır..."

Şunu diyebiliriz ki, biz bilgiyi dışarıdan aldığımızı zannederken, aslında kendimizde olanı ortaya çıkarıyoruzdur. Başka birinin zihnini okuduğumuzu zannederken, kendimizdekini okuyoruzdur. Olmuş ve olacak olan her şey, en küçük zerrenin içerisinde bile bilgi ve kodlama olarak mevcuttur.

Bu perspektifle kâinatın birliğine baktığında, olanın birliği söz konusudur. Konuyu zihinle anlamaya çalışmak yerine, küresel bir algılama ve hissedişle fark etmen daha kolaydır.

Anlayış ve İdrak Hızı

Etrafındaki insanların seviyesini onların anlayış ve idrak hızıyla kolayca ölçebilirsin.

Bir konu aktarıldığında, ortada ne kadar direnç söz konusu?

Sonuca ne kadar dolambaçlı yollardan gidiliyor? Bir konu ne kadar tekrarlanıyor? Ne kadar hızlı ya da hantallar? Bağlantıları kurabilme ve eskiyi bırakarak yeniye adapte olabilme yetenekleri var mı, yok mu?

Şimdi sen de kendine dönüp bir bak bakalım. Sana sunulan bilgileri kolaylıkla alabiliyor musun? Hızla bu bilgilerin içerisinde seyahat edebiliyor musun? Şuurunda aydınlanmalar meydana getirebiliyor musun? Yoksa "Bunlar benim eski bilgilerime uymuyor, inanç kalıplarımdan geçmiyor" mu diyorsun?

Yeni duruma adaptasyon hızın, idrak edebilme ve şuur bütünlüğüne ulaşabilme hızın, kâinat içinde nasıl algılandığının da resmidir.

Neleri Sorun Ediyorsun?
Sorun Ettiğin Olayların Kalitesi Ne?

İnsanın sorun ettiği olaylar ve konular, yaşadığı hayatın ve tekâmülün kalitesini gösterir. Yeni sürdüğü ojesinin bozulmasına dertlenen biriyle, hayat, insan ve doğa üzerine bir meselede dertlenen insan arasında ciddi düzeyde bir kalite farkı vardır.

Şimdi sen de dön ve kendine bir bak bakalım. Trafikte sana korna çalıp el hareketi yapan bir sürücüyü sorun ediyor musun? Çok emek verdiğin bir işe tekrar ve yeniden başlamak zorunda olduğunda şikâyet ediyor musun? Sevgilin seni terk ettiğinde, dünyanın sonu gelmiş gibi mi hissediyorsun? Biri seni eleştirdiğinde dertleniyor musun? Öğrenmeyi, gelişmeyi, büyümeyi, çalışmayı mı kendine sorun ediyorsun? Çevrene faydalı olmayı, yenilikler sunmayı, hayatı güzelleştirmeyi mi sorun ediyorsun? Bir canın incinmesini, bir çocuğun ağlamasını veya başka bir insanı mutlu edebilmeyi mi sorun ediyorsun?

Bütün bu alanlardaki bakış açın ve içinde yaşadığın duygularla haller, sana hayatının ve tekâmülünün seviyesini gösterecektir.

Prensip, benden bize gelebilmektir.

"Biz" seviyesine geldikçe olayların senin en yüksek hayrına olduğunu görebilme yeteneği kazanır, sorun ettiğin şeylerin azaldığını deneyimlersin.

Dar bir bakış açısıyla herhangi bir olayı sorun etmemenin adı vurdumduymazlık ve bencilliktir. Geniş bir bakış açısıyla kabule geçebilmekse yüksek tekâmüldür.

Neye Karşı Ne Ölçüde Sorumluluk Duyuyorsun?

Hayatta olduğu sürece her insanın kendini sorumlu hissettiği bir alan vardır: Bedeni, hayatı, ailesi, evi, işi, etrafı, düşünceleri, fikirleri, geleceği... Pek çok alanda sorumluluk hisseder.

Sorumluluk alanın konusunda, ne kadar benmerkezcilikten biz bilincine geçebiliyorsa, içinde bulunduğu toplumu da sorumluluk kapsamına alabiliyorsa, kendi dışında pek çok insana fayda sağlayabilecek kalitedeyse gelişmişliği de artıyordur.

Kiminin sorumluluk balonu sadece kendini havalandırabilecek güçtedir. Kimi de hem ailesini hem de binlerce, belki milyonlarca insanı kucaklayıp kaldırabilecek güçtedir.

Örneğin dünyaya gelmiş birçok veli ve peygamberin sorumluluk alanı kendi bencilliklerin dışına taşmış ve milyonlarca insanı kapsamıştır. Oysa bazı insanlar benmerkezci bir sevgiyle sevgilisine, ailesine hatta çocuğuna bile zarar verebilmiştir. Kendilerini sorumlu gibi gösterip aslında sorunlu olduklarını ortaya koymuşlardır.

Toplumda kimi önderler, liderler, bilimadamları, sanatçılar, yazarlar, düşünürler, felsefeciler dünyaya ve insanlığa hizmet edebilmek için, faydalı olabilmek için canlarını hiçe saymışlardır. Mesela Pierre Curie ve eşi Marrie Cruie kimyada yeni elementlerin varlığını ortaya koyarken radyasyona maruz kalarak hayatlarını kaybetmişlerdir. Hallac-ı Mansur da "Ene-l Hak!" diyerek, zamanın aşırıya gitmiş dar görüşlü insanları karşısında yine can vermiştir.

Rivayete göre, Hallac-ı Mansur "Ene-l Hak!" dediği için canlıyken derisi yüzülerek ölüm cezasına çarptırılır. Fetvayı veren hoca, "Bu zındığın kanı o kadar şeytanla kirletildi ki, kimin üzerine sıçrarsa sıçradığı yer kesilmeli!" diye fetvada bulunur. Ne hikmettir ki, derisi yüzülürken gıkı çıkmayan Hallac-ı Mansur, damarlarından fışkıran kanın fetvacı hocanın parmağına sıçradığını görünce gözlerini açar ve "Şimdi fetvanı yerine getir ve parmaklarını kes" der. "Çünkü benim kanım senin mübarek elini kirletti. Şimdi sözünde dur, halka cesaretini ve dürüstlüğünü göster..." Fetvacı elbette parmağını kesmeye cesaret edemez ve yerden aldığı taşı kafasına vurarak Hallac-ı Mansur'u öldürür.

Yine başka bir rivayete göre, Hallac'ın ağzından akan kan yerde bir yazıya dönüşür. Toprağın üzerinde "Ben Hakk'ım!" yazısı belirir. Yıllar sonra "Sizin taptığınız benim ayağımın altındadır" dediği topraktan bir küp altın çıktığı anlatılır.

Hallac-ı Mansur'u kimi erken öten horoz olarak tarif eder, kimi de hazırlayıcı bilgileri halka veren bir ermiş olarak değerlendirir. Yine de canı pahasına kendisini sorumlu hissettiği bilgiyi aktarmayı başarmıştır, ruhu şad olsun...

Birçok devrimci, birçok yenilikleri gerçekleştiren kişiler ve vazifeliler karşılarına toplumu, sistemi ve dünyayı alarak kendi gerçeklerini haykırdılar. Bazen bunun hayatlarına mal olacağını bile göze alarak...

Kimileri de oturduğu güç ve iktidar koltuğunu bırakmamak uğruna nefislerine uyarak, ruhlarını aldatanlardan oldular.

Senin sorumluluk alanın ne?

Nereye kadar ve ne kalitede bu sorumluluğa razısın?

İşte tekâmülde gelebildiğin nokta budur...

Seni Neler Şaşırtır?

Yeniliklere ne kadar açıksın, ne kadar hazırsın?

Bu çok önemli... Çünkü yeniliklere kapalı olduğun ölçüde sana sunulacak olanı yerleştirebileceğin rafların daralır.

Örneğin Orta Asya, Asya, Balkanlar ve Arap Yarımadası geleneksel başörtüsü, yazma, çarşaf gibi örtüler kullanır. Her yörenin kendine özgü usulleri vardır. Hatta İslamiyet'te, Musevilikte ve Hıristiyanlıkta da kadınların başörtüsü örtündüğü görülür. Kültür mühendislerince icat edilen farklı bir baş örtme sistemi ve tekniğiyle gözlerin yanlara bakabilme açısını daraltan bağlama şeklini sen de görmüşsündür. Gözlerin farklı açıları görmesini engelleyen örtünme yöntemleriyle bazı kadınlar daha kolay yönlendirilebilir hale geldiler.

Demem o ki görüş açın ne kadar daralırsa, beyninin algısı da o ölçüde daralır. Yeni bilgilere ve fikirlere ne kadar açıksan, yobazlıktan o derece özgürleşirsin. Kimi yobazlığı sadece dindarlık üzerinden tarif eder ama her mesleğin, her grubun bir yobazı vardır. Tıpta, bilimde, ilahiyatta da yobazlar var.

Yeniliklere ne kadar açıksan yeni bilgileri yerleştireceğin rafların ne kadar genişse işte o kadar tekâmüldesindir. İtirazların ve duvarların kadar geride, kabullerin kadar ileridesindir. Çünkü kâinatımız, mümkünat âlemidir...

Üretimin Ne?

Bu hayatın içinde konuştukların kadar değil, ürettiklerin kadarsındır. "Aynası iştir kişinin, lafa bakılmaz!"

Günü gelip beden elçisini terk etmeye hazırlanırken geriye dönüp baktığında ürettiklerinin ve bıraktıklarının, dünyaya ve insanlığa faydası ya da hizmeti ne kadar kıymetliyse tekâmülün de o kadar gerçekleşmiş demektir.

Bu yüzden üretiminin ne olduğuna kime ne faydasının dokunduğuna dikkat et. Bu alanda sorumluluk al...

Sahiplenmek Sabitleştirir

Sahiplendiğin kadar sabitleşir, durağanlaşır ve gerilersin. Sahip çıktığın kadar gelişir, korur ve ilerlersin. İlkinde sana verilenin ve sunulanın, hep senin olacağını ve sende kalacağını zannedersin. Bu da senin egonu büyütür. Diğerinde ise verilenin emanet olduğunu bilir, eşyanın da gücün de sana olan hizmetini alır, gücü de nereden geldiğini bildiğin ölçüde kullanırsın. İşte bu iki ölçüt de tekâmül seviyenin ne olduğunu sana açıklar.

Soru sorabilmek, cevap verebilmekten çok zaman daha kıymetlidir. Sorduğun her soru cevaplanır. Cesaretin yettiğince, sorumluluğunu alabildiğin her soruyu sorabilirsin.

Teslimiyet Hızı

Tüm varlıkların dönüşü sonunda O'nadır.

Kontrolcülük, değişime ve bırakmaya gösterilen direnç tamamen güvensizlikten gelir. Allah'a olan güven arttıkça iman artar. Bu da neye, nasıl ve ne hızda teslim olacağının kararını belirler.

Dünyadaki en güçlü kişi kalbini en iyi dinleyen ve ona teslim olandır.

X. BÖLÜM

BEDENDEKİ GÜÇ VE ENERJİ MERKEZLERİ

Çakralar

Çakralar ve Hormonlar

İnsandaki yedi temel endokrin merkezinin çalışmasını düzenleyen perde arkasındaki kaynak çakralardır. Bir ışık kaynağından kristal bir prizmaya verdiğimiz ışık, tayflarına ayrıldığında, yedi ayrı renk olarak görülür. İşte insanın da özünden gelen beyaz ışık, beden kristali ile temasa geçtiği anda tayflarına ayrılır ve yedi ayrı renge, yani yedi çakraya dönüşür. Her biri bir sisteme, bir organa, bir elemente, bir renk ve koku titreşimine denk gelir.

Vücutta bulunan enerji merkezlerini ifade eden "çakra" kelimesi Sanskritçede "çark" anlamına gelir. Hindistan ve Asya bölgesinde bulunan birçok ülkede yaşayanlar için, insanın tam tepesinden yani başının üstünden giren bir enerji merkezi bulunur. Bu akım, göklerden gelen ve ilahi olan pozitif yani eril enerjidir. Öte yandan omurganın alt kısmına, kuyruksokumunun köküne yerden gelen negatife, dişil enerji kanalı ile bağlantısı bulunur.

İnsan, yer ve gök arasında bu iki akımdan beslenir. Kuyruksokumunda yer alan ve adeta bir yılan gibi kıvrılmış "kundalini" adı verilen enerji kanalı aktifleşip de tepeden gelen enerjiye doğru hareket etmeye başladığında, geçtiği tüm çakra merkezlerini yeniler ve aktifleştirir. Bu iki merkez buluştuğunda ise kişi aydınlanmış olur.

Yedi merkezin temsil ettiği duygusal alanlar, organlar, renkler, kokular ve hormonal sistemler vardır. Her merkezin de bir sembolü... Bu semboller Budizm'de kutsal sayılan lotus çiçeğiyle ifade edilmiştir.

İslam'da ise miracın katları olarak sembolize edilmiştir. Âdem Peygamber toprağı, köklenmeyi, İbrahim Peygamber suyu, yaratımı, Musa Peygamber, ateşi, güç ve iradeyi, İsa Peygamber, kalbi, sevgi ve kabulü, Cebrail, ifadeyi, söz ve ilhamı, hipofiz, epifiz ise cennetin kapısı ve içeri girildiğinde yaşanan ve buluşulanları temsil eder.

A. Köklenme Merkezi

1. Çakra (Kök Çakra)

Sembolü: Dört yapraklı lotus

Renk: Alev kırmızısı

İlgili element: Toprak

Duyu: Koku

Bedende ilgili yerler: Omurga, kemikler, dişler, makat, kalınbağırsak, prostat bezi ve hücre yapımı

İlgili salgıbezi: Böbreküstübezleri

Sesi: "Huuu!", davul sesi, ritmik tempo, kalın do

Taşı: Akik, kırmızı yeşim, yakut, mercan, lal

Kokusu: Karanfil, sedir ağacı

Kök çakra, hayatın temel ihtiyaçları olan yeme içme, cinsellik gibi eylemlerin gerçekleşmesi için ihtiyaç duyulan enerjiyi aktarır. Eril prensiple ilgilidir. Erkekte sağdan sola, kadında soldan sağa döner. Bir konuda istikrar sağlamak, ilerlemek, kök salmak ve kalıcılıkla ilgili kararları yönetir.

Dünyaya geliş ve yedi yaşına kadar geçirilen evreler kök çakra ile ilgilidir. Bu nedenle kök çakra diğer merkezlerin çalışmasını etkileyen güçlü bir merkezdir. Bu merkez eril prensiple ilgili olduğu için başta baba ve erkeklerle olan ilişkiler, ayrıca köklerden gelen alışkanlıkları kapsar. Kişinin doğduğu yerden, halden ve aileden bambaşka bir kader planına geçişinin onayı bu çakrada gizlidir.

Örneğin, doğum ve bir yaşına kadar geçen süreçte kişinin kendini ilgilendiren veya ailesinin başına gelen olaylar, ilerleyen yaşlarda hangi alanlarda yetersizlik yaşayacağını belirler. Dilersen bir iki örnek verelim:

"Aslında biz seni aldıracaktık, annen seni doğurmayacaktı ama doğdun!"

"Biz seni erkek bekliyorduk ama sen kız çocuğu olarak dünyaya geldin."

Kişinin kulağına duyurulan bu türden ifadeler, gelecekte kendini istenmeyen biri olarak görmesine ve yetersiz hissetmene sebep olur.

"Duyun beni, görün beni, kabul edin beni" diye çığlıklar atan, bu uğurda çaba sarf eden birine dönüşebilir. Özellikle halk arasında tekne kazıntısı, kaza kurşunu gibi ifadelerle tarif edilen çocuklar, yetişkinliğe eriştiklerinde kabul görmeme düşüncesiyle boğuşur.

Kök çakrayla ilgili yaşanan olaylarda ortaya çıkabilecek sorunlar, cinsellik, yeme içme sorunları, bağırsak ve boşaltım sorunları, kendini koruyamama, kendi alanını belirleyememe, herhangi bir konudan kolayca sıkılma, aniden oluşan isteksizlik, aileye ve köklere aşırı bağlılık ve aniden kopmaya neden olabilir.

Eğer sık sık taşınıyorsan, bir işyerinde ya da ilişkide köklenemiyorsan, hayatında süreklilik ve istikrar yoksa kök çakrasıyla ilgili sorunların vardır. Bir işi, bir ilişkiyi, bir ortamı veya durumu bırakmak istediğin halde bırakamıyorsan, değiştiremiyorsan ya da yenileyemiyorsan yine kök çakrasıyla ilgili sorunlar yaşıyorsundur.

Kök çakra hayatın içindeki toprağımızdır. Toprağımız temiz olmadığında, ifadelerle ektiğimiz hiçbir niyet tohumdan istediğimiz verimi alamayız. Eğer işi bitmiş kökleri ve sarmaşıkları toprağımızdan temizlemezsek, geçmiş inanç kalıpları ve güdüler tarafından yönetilir, kullanılırız. Çok kaba ifadeler, küfürlü ve bağırarak konuşmalar, kaba ses tonu ya da sesi gereğinden fazla kısık ve incelterek konuşmak kök çakra dengesizliklerini işaret eder.

B. Yaratma Merkezi

2. Çakra (Yaratım Çakrası)

Sembolü: Altı yapraklı lotus
Renk: Turuncu
İlgili element: Su
Duyu: Tat alma
Ses: "Hooouuu!", su sesi, doğa sesi, yağmur sesi, dalga sesi, re notası
Taşı: Ay taşı
Koku: Ylang ylang, sandal
Bedende ilgili yerler: Leğen kemiği, üreme organları, böbrekler, mesane, kan, lenf sistemi, tüm beden sıvıları
İlgili salgıbezi: Yumurtalık, prostat bezi

Bu merkezde cinselliğin üretici ve yaratıcı tarafıyla karşılaşırız. Dişil prensiple ilgilidir. İki kişinin bir araya gelip yeni bir canlının oluşması gibi kadersel döngüler, yeni bir gelecek planı bu merkezle aktifleşir. İfadenin yaratıcı gücüyle beraber çalışır. Yaratıcılık, üreme, üretme ve yaşamda ilerleme enerjileri bu merkezin yönetimindedir.

Bir konuda yardım almak ya da bir fikri alıp bambaşka bir bakış açısına taşımak, bu merkezin yönetimindedir. Kök çakrada toprağa ektiğin niyetin, isteğin veya dileğinin burada siyaha mı beyaza mı, pozitife mi negatife mi, korkuya mı yoksa güvene mi dönüşeceğinin kararı verilir. Eğer ikinci çakrada dengesizlik varsa, kendin için olumlu diye arzu ettiklerin bile olumsuza dönüşebilir. Bu yüzden korku ve endişe, en yüksek yaratım enerjisi olarak bu çakranın karanlık yüzünü temsil eder. Güven ise aydınlık yüzüdür. Panik atak, bipolar bozukluk, böbrek rahatsızlıkları, mesane sorunu ve cinsel hastalıklar ikinci çakranın dengesinin bozulması yüzündendir. Buradaki dengesizlik bazen bel ağrıları ya da disk kaymalarına neden olarak sinyal verir. Merkezinden ne kadar saptığının veya dengeni ne kadar bozduğunun haberini verir ikinci çakra...

Örneğin, ağır ekonomik problemler yaşadığını söyleyen bir danışanımın, yoğun bel ağrıları vardı. Yaşadığı sorunların ne kadar ağır bir duygusal yük teşkil ettiğini ve bu yükün ağırlığını taşıyamadığından dolayı bel bölgesinde disk kaymasının oluştuğunu tespit ettik. Yüklerinin altında ezilmişliğini ve yaşadığı ağrıları kabul etti önce, sonrasında bütün bunların onu geliştirip güçlendirici bir deneyim yaşattığını fark etti. Hastalık gibi görünen şikâyetleri hayatının şifasına dönüştü. İkinci çakrasındaki enerji akışını fark etmesiyle birlikte tekrar dengeye geldi.

Cinsel isteksizlik ve aşırı cinsellik talebi de bu çakranın dengesizliğini gösterir. Kökten yani kırmızı toprak merkezinden yeteri kadar beslenemeyen bir yaratım çakrası, hayata ve hayatın tatlarına karşı yeterince isteklenemez.

İstek azalması ve cinsel salgıbezlerinde yaşanan sorunlarla birlikte hayattan tat alma hevesi kaçanların pankreaslarında da sorunlar görülebilir. Yumurtalık ve prostat bezinde sorunları olanların zaman içinde pankreasla da sorunları oluşur, böylece şeker hastalığına kadar götürür bu süreç onları.

Fazla cinsellik peşinde koşmak söz konusuysa da bu istek, diğer enerji merkezlerini zayıflatıp çeşitli tıkanmalara yol açacaktır. Hayatı ve tatları, rutin ve mekanik bir hale getireceğinden, bahsettiğim sonuçların aynısı burada da tekrarlanacaktır.

C. Güç ve İrade Merkezi

3. Çakra (Solar Pleksus)

Sembolü: On yapraklı lotus

Renk: Sarı, altın rengi

İlgili element: Ateş

Duyu: Görme

Ses: "Hooo!", mi notası, gök gürültüsü, gonk sesi

Koku: Biberiye, lavanta, bergamot

Taşlar: Kaplan gözü, topaz, sitrin, amber (kehribar)

Bedende ilgili yerler: Sırtın altı, karın ve sindirim sistemi, mide, karaciğer, dalak, safrakesesi, otonom sinir sistemi

İlgili salgıbezi: Pankreas

Bu merkez, gücün organize edildiği yerdir. Eril prensip, güç, iktidar sahibi olmak ve kontrol etmekle ilgilidir. Karar vermek için gerekli enerjiler buradan alınır. Bedende ilgili organlar ve salgıbezine baktığımızda, enerjinin ve duygusal tepkilerin koordine edildiği sistemleri görürüz. Bu merkez yaşamın akışının ve gücün kabulü, ayrıca yaşamın biçimlenmesi ile ilgilidir.

Mide sorunları, sindirim sorunları, karaciğer, safrakesesi ve merkezi sinir sistemiyle ilgili sorunlar üçüncü çakrayla ilgilidir. Tıpkı kök çakrada olduğu gibi eril prensiple ilgili olan üçüncü çakra, erkeklerle ilişki, babayla olan iletişim ve paylaşımlar, otorite figürleri ve özellikle devletle yaşanacak kısıtlanmışlık hissi veren sorunlar veya yükselişlerin temelidir.

Gücün ve iktidarın çakrasıdır. Rekabet, hırs, birilerini geçmek, yenmek, kazanmak ve başarı, güç çakrasıyla bağlantılıdır. Sürekli başarısızlığa uğrayanların güç çakraları bloke olmuştur. Tuttuğunu koparan, kafasına koyduğu hedefe gidebilen kişilerse güç çakrasından istifade edenlerdir.

Güç merkezi aşırı kullanıldığında, aşırı kontrolcülük, hırs ve yönetme arzusu baskın gelir. Ancak bu hırs, kişiyi yönetilen kişi haline getirir.

Çok zayıf çalışanlarsa bir yere sığmak, başkalarını taklit etmek, başkalarından beslenmek, kararsızlık, güçsüzlük belirtileri gösterirler.

Mutaassıp bir anneyle baba, on altı yaşında oğullarının bir sorunu üzerine bana gelmişler, danışmanlık hizmeti istemişlerdi. Ergenlik çağındaki çocukları hayli kiloluydu ve yüzü sivilceyle doluydu. Aileye ve hayata kızgındı, öfkeliydi. Babasının ona babalık etmediğinden, otorite kurmadığından şikâyetçiydi.

Çocuk ne istiyorsa almışlardı, çok şımartmışlardı. Böylece çocuk bir dolu yanlış alışkanlık edinmişti.

Babası da kendi babasına kızgın, öfkeliydi. O da kendi babasının fazla güç ve otorite kullanmasından yana şikâyetçiydi. Bu yüzden kendi oğlunu hiçbir otorite ve güç kullanmadan yetiştirme kararı almıştı.

Hayat babaya, babasının onun üzerinde güç kullanmasının ne kadar doğru ve öğretici olduğunu göstermek için oğlunu kullanıyordu. Güç ve otorite hepimizin ihtiyaç duyduğu ve beslendiği bir enerji kaynağıdır. Baba bir otorite figürü olarak prensipli davranmaya ve irade gücünü kullanmaya başladıktan sonra oğluyla ilgili sorunlar da azalmaya başladı.

D. Kalp ve Sevgi Merkezi

4. Çakra (Kalp Çakrası)

Sembolü: On iki yapraklı lotus

Renk: Yeşil ve pembe

İlgili element: Hava

Duyu: Dokunma

Ses: "Haaa!", fa notası, piyano sesi, rüzgâr sesi, çanak sesi

Koku: Gülyağı

Taşlar: Kızıl kuvars, turmalin, zümrüt, yeşim taşı

Bedende ilgili yerler: Kalp, sırtın yukarısı, göğüs ve göğüs boşluğu, ciğerlerin alt kısmı, deri ve dolaşım sistemi

İlgili salgıbezi: Timüs bezi

Kalp çakrası sevgi enerjisiyle ilişkilidir. Bu nedenle sevgiyle ilgili semboller kalp şeklindedir. İslam'da da bir çakra vardır. "Gönül gözü" olarak adlandırılan bu merkez yine kalp çakrasıdır.

Cennetin kapısı olarak da tarif edilen bu merkez, koşulsuz sevgi, ilahi olanı hissedebilmek, kabul ve yeniliğe açık olmakla ilgili olup aynı zamanda dişil prensiple çalışır.

Kalp çakrası, sevildiğini hissedebilme merkezidir. Sevgiyi alma, sevgiyle kabulde olma ve huzurlu hissetmeyi sağlar. İnsan sevildiğini hissettikçe, sevgisini daha çok gösterir. Buradaki sevgi kaynağı ilahi olandan akar. Kişi, Yaradan ile olan bağını burada tam olarak açar veya açamaz. Açamadığında olayları kolayca kabul edemeyen, sevildiğini hissetmediği için kendi sevgisini aktaramayan biri olarak görünür. İnsanın merhamet sahibi veya zalim olup olmayacağı bu merkezde belirlenir.

Hayatı ve olanı sevgiyle kabul edenlerin kalp çakraları açıktır. Sürekli itiraz içinde olanlar, ama ve fakat ifadelerini kullananlar, ilahi sistemi sorgulayan, kimseye güvenemeyen, aceleci, telaşlı kişiler, kalp çakralarında tıkanıklar yaşıyorlardır. Kalp çakrası tıkanmaya başladığında, timüs bezi küçülmeye, göğüs daralmaya başlar. Bu yüzden Anadolu'da ani üzüntü veya şoklarda timüs bezinin, yani kalp merkezinin üzerine yumrukla vurulduğu çokça görülür. Timüs bezini uyararak, oradaki darlığı açabilmek için darbeler kullanılır. Sevgiye ve sevilmeye kendini kapatanların kalp gözleri de kapanır.

Kalp gözünün kapısı kabul ile sadece içeriden açılabilir. Geçmişten getirilenler, eski bilgiler, ezberler ve rutinler, bu kapının önündeki engellerdir.

Kalp kapısının önündeki en ciddi sorunlardan biri "Biliyorum!" ifadesini sürekli kullanmaktır.

Her şeyi bildiğini zanneden ve sürekli "Ben onu biliyorum!" diyenler, kalbinin kapılarını kapatmak istiyorlardır.

Bir halin veya olayın kabulü insana ferahlık verir. Bu ferahlığın diğer adı huzurdur. Yani kalp gözünün açılması, huzura açılan kapıdır.

E. İfade Merkezi

5. Çakra (Boğaz Çakrası)

Sembolü: On altı yapraklı lotus

Renk: Açık mavi, yeşilimsi mavi, gümüş rengi

İlgili element: Esiri madde

Duyu: İşitme

Taşlar: Turkuvaz, kehribar, akuamarin, kalsedon

Ses: "Heee!", sol notası, kopuz, ney

Koku: Adaçayı, okaliptüs

Bedende ilgili yerler: Boyun, boğaz, kulak, çene, ses, soluk borusu, bronşlar, ciğerlerin üstü, yemek borusu, kollar ve omuzlar

İlgili salgıbezi: Tiroit

Kendi planını ve hayat amacını fark edebilmeyi, içsesi duyabilmeyi, hayatın içinde aktarılanları alabilmeyi, kendini ifade edebilmeyi destekleyen enerjiler beşinci çakrada yönetilir. Boğaz çakrası ikinci çakra merkezi ile beraber çalışır. İfade ettiğini gerçekleştirebilmek bu merkezin çalışma alanıdır. Eril prensip tarafından desteklenir.

Boğaz çakrasındaki tıkanmalar, konuşma ve duyma yetisiyle ilgili sorunlara neden olabilir. Anlatılanın anlaşılamıyor olmasının bir göstergesi sayılabilir. Ayrıca kekemelik, tiroit sorunları ve boğaz enfeksiyonlarına da yol açabilir.

Eğer kendinde bir şifa enerjisi hissediyorsan, şifa aktarımları yapmakla ilgili bir isteğin varsa, boğaz çakran aktive olmak istiyordur. Tiroit, boğaz şişmesi ve bademciklerle ilgili sorunlar yaşıyorsan, boğaz çakranda tıkanma veya dengesizlik söz konusudur.

Kendini anlatamıyorsan, derdini başkalarına ifade edemiyorsan ve anlaşılmadığını düşünüyorsan boğaz çakranda blokaj vardır. Güzel bir hitabet becerin varsa, kendinden kendine ve başkalarına şifa verebiliyorsan, yaratıcı söz ve niyet enerjilerini doğru kullanabiliyorsan, iyi çalışan bir boğaz çakrasına sahipsindir.

Bir danışanım hayatında hiçbir konuda harekete geçemiyordu, başlamaya cesaret edemiyor, kendini ifade etmekte sorunlar yaşıyordu. Çocukluğunda bir konuda doğruyu söylediği halde babası ona inanmamış, hatta yalancılıkla suçlamıştı. Yaşadığı bu deneyimden sonra bir kodlama yapmıştı ve "Ben doğruyu söylesem de, kimse bana inanmaz ve dışarısı beni anlamaz!" inancındaydı.

Bu kodlama onda engellenmişlik hissiyle birlikte tiroit rahatsızlığına, bağışıklık sistemi problemlerine ve cinsel sorunlara da yol açmıştı. Bu kodlamanın, hayatında ne gibi faydaları olduğunu anlayıp olaya şükrederek helalleşmesini tamamladıktan sonra, engellenmişlik ihtiyacından özgürleşti. Boğaz çakrası dengelenince ifade engeli de ortadan kalktı.

Çocuklardaki boğaz şişmeleri, öksürük krizleri ve yutkunma problemlerinin temelinde de kendilerini ifade edememeleri, yeterince ve doğru anlaşılamamaları sorunu vardır ki bu yine boğaz çakrasındaki bir tıkanmaya işaret eder.

F. Görücülük ve Dönüştürme Merkezi

6. Çakra (3. Göz Çakrası)

Sembolü: Doksan altı yapraklı lotus

Renk: Lacivert, menekşe rengi, çivit mavisi

Duyu: Tüm duyular ve duyu ötesi algılama

Ses: "Hiii!", zil sesi, quartz çanak, la notası

Taşlar: Lapis, lazuri, safir, sodalit, kyanit

Koku: Nane, yasemin

Bedende ilgili yerler: Yüz, gözler, burun, sinüsler, beyincik, merkezi sinir sistemi

İlgili salgıbezi: Hipofiz

Dünya gözüyle görmenin ötesinde, içsel bakış ve fark ediş için lazım gelen destekleyici enerjiyi 6. çakra sağlar.

"3. göz" olarak da tarif edilen ve kadim semboller arasında da çokça bilinen piramidin içinde tek bir göz sembolüyle ifade edilen güç de üçüncü gözün enerjisidir. İki göz ile görülenin ötesine geçerek birliğin farkındalığıyla hakikatle buluşabilmek, ancak bu merkezin aktifleşmesi sayesinde olur.

Bu merkezde, niyetine son bir defa daha dönüşme şansı verilir. Tüm hal, duygu ve ifadelerin burada dönüşümü ya da onayı hazırlanır. Çünkü artık bundan sonra bir üst çakraya çıkılacak, adeta bilgisayarın giriş (enter) tuşuna basılacaktır.

Altıncı ve yedinci çakra çoğunlukla birbiriyle karıştırılır, görevlerinin aynı olduğu sanılır. Geleceği gören, hisseden veya okuyan kişilerin çoğunun altıncı çakrası aktive olmuştur. Bu çakranın aktive olması demek, yani ruhsal yetenekleri kullanabilmek, gelişmiş insan mertebesine ulaşıldığının bir göstergesi değildir. Tıpkı iyi top oynayan bir futbolcunun, iyi keman çalan bir müzisyenin, iyi ameliyat yapan bir cerrahın gelişmiş bir insan sayılamayacağı gibi... Paranormal yetenekleri olanlar, gelişmiş insan olarak tarif edilemez. Bu merkezin aktivasyonuyla duru görü, telekinezi, astral seyahat, hatta şifacılık ortaya çıkar.

G. Ruhsal İletişim Merkezi

7. Çakra (Tepe Çakrası)

Sembolü: Bin yapraklı lotus
Renk: Mor, beyaz
İlgili element: Madde ötesi
Duyu: Ruhsal iletişim
Ses: "Hımmm!"
Taşlar: Ametist, kristal kuvars, turmalin
Koku: Lotus, günlük
Bedende ilgili yer: Beyin
İlgili salgıbezi: Epifiz bezi

Saf oluş ve kaynakla bağlantının açığa çıkışı, bu merkezin yönetimindedir. 7. çakra, hayata geliş amacı, dünyanın farkında olup ancak bir yandan da geçiciliğinin şuuruyla bütünü algılayabilmek, aydınlanma ve uyanışın başlamasını sağlayan enerjinin kaynağıdır.

Morun üstünde bir eternet kartı görevi gören beyaz bir merkezimiz vardır. Onun için birçok ölüme yakın deneyimde ve spiritüel çalışmalarda, tünel sonundaki beyaz ışık veya aydınlık kapı olarak görülür. Bunun diğer bir sebebi, doğum sırasında karanlık bir tünelden aydınlık bir dünyaya çıkışta bize verilmiş olan görüntülemenin şuuraltı kodlamasıdır. Şamanik, regresyon ve aile dizilim çalışmaları ile bu birikimlerin farkındalığı kazanılmaya çalışılır. Bu merkezin kapısı açıldığında ortaya çıkanın öz bilgisini aldıktan sonra, enerjiyi bohçalayarak kapıyı tekrar kapatmaya dikkat etmek çok önemlidir.

Tepe çakrasından sonra açılan kapılarda sonsuz katman vardır. İhtiyaca göre buluşulacak çeşitli frekanslar söz konusudur. Geri titreşimler, korku, endişe ve hırs varsa buluşulacaklar aşağı katmanlardır. Sevgi, kabul, şefkat, başkalarına yardım, şifa, dönüşüm ve idrak amaçlı olduğunda ise ince titreşimli, daha yüksek bilgilerle ve seviyelerle irtibata geçilir.

Epifiz bezinin çeşitli salgıları vardır. Bunlar gevşemeyi, rahatlamayı, imajinasyonu ve görüntülerin netleşmesini sağlar. Ayrıca beynin içerisindeki görüntüleme ve farklı titreşimlerle temasa geçebilme özelliklerinden de söz edilebilir. Bu hormonlar dengeli ve düzenli çalıştığında, göğün çeşitli katmanlarından birtakım bilgi alışverişleri gerçekleşir. Tıkanmalar olduğunda ise kâinat ile bağlantımız kesilir. Tepe çakrası tamamen kapanan biri, bu hayatta kalamaz. Özellikle intihar meyilli kişilerde, bu merkezdeki bir bağlantı kesilmesi olduğu üzerinde durulabilir.

Doğumdan sonra bebeklerin uzun süre başlarının tepe bölümünde yumuşak bir alan vardır. "Bıngıldak" denilen bu alan, aylar sonra yavaş yavaş sertleşir. Varlığın özünden gelen enerji tepeden içeriye girerek bu merkezi açık ve faal tutar. Yani bebeklikte fiziksel gözlerimizle dünyayı görürken, tepe çakramızla da manevi alanı seyrederiz. Dünyada gördüğümüz ve öğrendiğimiz her adımda, bıngıldakta bir miktar daha sertleşme ve kapanma meydana gelir. Bu deneyimi bir nevi mezara konmuş bir insanın üzerine kürekle toprak atmak gibi düşünebiliriz. Dünyaya her köklenme anında manevi dünyada ölürken, yeryüzü dünyasına doğan tarafımız buraya adapte olmaya çalışır. Tepe çakrasındaki bu ışıklı merkez tamamen ışık alamaz hale gelir ve dünyaya yönelir. Hayat yolculuğunda doğumla beraber köklenmeye başlar ve bu dünyayla temas halindeyken, tekrar bütün çakraların katlarından yükselir ve tepe çakrasından kâinat internetine tekrar bağlanırız.

Bu şekilde özümüzün ışığıyla temas kurmaya çalışırız. İnsanın miracı, içindeki bu 7 kat göğü aşarak epifiz bezinin hormonlarını dengeli ve düzenli olarak salgılatarak, manevi âleme bakan görücülük kapılarını açabilmesidir.

Manyetik Enerjini Aktive Et

Bedenimiz elektrik ve manyetik enerji üreten bir santral gibi çalışır. Hücrelerden başlamak üzere artı ve eksi iyon kutuplaşmalarıyla üretim başlar. Sağ taraf, üst ve ön pozitif yüklü enerji taşırken, sol taraf, arka ve alt negatif enerji taşır.

Şimdi bir egzersiz yapalım ve manyetik alanımızı hissedelim:

Ellerini birbirine değdirmeden iki santime kadar yaklaştır ve yavaşça daireler çiz. Avuç ortasındaki ısı değişimini hisset. Bu pozitif ve negatif kutuplarının, itim ve çekim enerjileri ile oluşturduğun manyetik bir alandır. Bunu bir müddet çalıştığında ve yoğunlaşmayı öğrendiğinde kendine göre bir teknik geliştirebilirsin. Bedenimiz elektrik ve manyetik enerji üreten bir santral gibi çalışır. Hücrelerden başlamak üzere artı ve eksi iyon kutuplaşmalarıyla üretim yapar.

Dilersen şimdi bir egzersiz daha yapalım birlikte:

Birinin karşısına geç ve bir avuç içini ona doğru uzat. Zihninden karşındaki partnerinin bedeniyle ilgili bazı sorularının cevabını iste:

Mesela, "Çakra merkezlerinin durumunu bana bildir. Bedenindeki rahatsız bölgelerini bana hissettir" diyebilirsin.

Sonra elini tepeden aşağıya doğru yavaş yavaş gezdir. Elini karşındakine değdirmeden üç ya da on santim yaklaştırarak enerji alanını hissetmeye çalış. Ilık bir titreşim aldığın yerlerde normal ve dengeli, yoğun sıcaklık aldığın bölgelerde fazla aktif, soğukluk aldığın yerlerde ise bir sorun olduğunu tespit etmişsindir. İstersen bunu ayakta veya yere uzanarak da yapabilirsin.

Benzer deneyi sarkaç kullanarak da yapabilirsin. Sarkaç yerine kolye, tespih ya da ucunda belirteç olan bir nesne de kullanabilirsin. Sarkaçla önce "evet" ve "hayır" noktalarını bulabilirsin. Sonrasında çakraların üzerinde dolaştırarak "Bana bu çakranın durumunu göster" diye sorabilirsin. Eğer çalışıyorsa "evet" tıkanıklık varsa "hayır" yönünde sarkacın döndüğünü göreceksin. Yine başparmağını veya işaretparmağını birleştirerek bir soru sorduğunda, "evet" cevabında yumuşak bir şekilde açıldığını, "hayır" cevabında ise zorlanma olduğunu hissedersin. Kısacası kâinatın her bir zerresinde, cisminde ve manyetik alanlarında tüm sorularına her an cevap verilir.

Sen yeter ki okumak iste...

XI. BÖLÜM

YEDİ ADIMDA GÜZELLİK TOHUMUNU FİLİZLENDİRME

Uygulama

Güzellik Tohumu Meditasyonu

Doğanın bir parçası olan insan her fikir, bilgi ve niyet tohumunu önce kendi toprak enerjisinin bulunduğu kök çakrasına eker. Sonrasında yaratım merkezinde sular ve filizlendirir. Güç merkezinde ateşler, büyütür. Kalp merkezinde kabulle, sevgiyle, alabilmeyi ve verebilmeyi öğrendikçe havayla uyumlar, sevgiyle kucaklar. İfade merkezinde dillendirir. Üçüncü gözünde görür ve dönüştürür. Tepe çakrasında ise özüyle bağlantıya geçer, özünden alır ve verir.

Öyleyse ağzından çıkan her söz, mimik, davranış yani tüm ifadelerin, toprağına ektiğin tohumlardır ve bir gün kader meyvesi olup sana ikram edilir. Ne ektiğini bilen, ne biçeceğini de bilir. Ismarladığın an tam da bulunduğun yerde, oradaysan siparişin sana verildiği anda şükürde olursun. Bu dünya seni mutlu etmek için, yani seni talep ettiklerinle buluşturmak için oluşturulmuş bir okuldur.

Ekim anında, ifadesiyle ne ısmarladığını bilemeyen şikâyet ettikçe, şikâyet edeceği olayları artırır. Umutlarını ifade tohumu olarak ekenler, umut ettikleriyle buluştuklarında, mutlu olurlar ve şükrettikleri için şükredecekleri şeyler çoğalır.

Dualarında, ibadet ve meditasyonlarındaki çağrıların ne kadar güzel olursa, buluşacağın şey de güzellik olur. Şimdi gel birlikte hayatımıza güzeli ve güzellikleri davet edebilmek için bir güzellik tohumu çalışması yapalım.

Kendine sakin ve sessiz bir çalışma ortamı sağla. Çalışma boyunca rahatsız edilmeyeceğin bir mekân seç. Mekânı önce havalandır, içerisi güzel kokularla dolsun, huzurlu bir hava alsın.

Belki bir mum yakabilirsin ya da loş bir ışık...

Sırtını dik tutabileceğin bir sandalyeye, koltuğa ya da yere otur. İdeali bağdaş kurarak, altına da bir minder alarak yerde oturmandır. Birkaç dakika gözlerin açık etrafı izleyebilirsin. Dikkatini bedeninin üzerinde gezdirebilir, sonra nefesine odaklanabilirsin.

Çalışma boyunca burnundan nefes alıp burnundan nefes vereceksin. Başlarda nefesini sayabilirsin. Akciğer kapasitene göre beş sayıda alıp, beş sayıda nefesini tutup sonra on sayıda nefesini verebilirsin. Sonrasında beşin katlarıyla ilerleyebilirsin.

Burundan giren nefesin burun köklerinden, hatta genizden çekilmesinde, sonrasında genizden hafif sesli bir şekilde verilmesinde fayda var. On derin nefes alıp verilmesinden sonra gözlerini kapatabilir, alnında lacivert bir üçgen hayal edebilirsin. Üçgenin tabanı gözbebeklerini birleştiren bir çizgi ve tepesi de alnının ortası olabilir. Odaklandıkça gözlerin şaşılaşabilir, yavaşça içeriye dönebilir. İçeriye döndüğünde, dışarıdan içeriyi seyrediyormuş gibi kendine bak, yorumsuz bir şahitlikle izle.

Bir iki dakika sonra tekrar üçgenin tepesine bak ve alnında lacivert bir ekranın açılmasına müsaade et.

Devamında çok parlak, canlı bir kırmızı kürenin üzerine oturduğunu hayal et. Kürenin ortasından dünyanın merkezine doğru bir demir at. Yere, toprağa, toprağın katmanlarından derinlere, oradan da dünyanın merkezindeki kırmızı çekirdeğe ulaş.

Dünyayla, yaşam enerjisinin kaynağı ve merkeziyle bağlantıya geç. Kırmızı bir lav sütununun fışkırarak toprağın katmanlarından yükselmesine ve kuyruksokumunun altındaki kırmızı küreyi beslemesine izin ver. Leğen kemiğini ve kuyruksokumunu kapsayan bu kırmızı kürenin gittikçe parlamasını ve temizlenmesini sağla. Sonra gökyüzünden kırmızı bir dikey sütun indir. Bir ucu gökte, bir ucu yerde...

Bu eril, yani Rahman enerjidir.

Bir de yatay kırmızı sütun oluştur ki bu da dişil, yani Rahim enerjidir. Sütunlardan kocaman bir kırmızı artı meydana getir. Yatay olanın tam yere paralel, dikey olanınsa tam saat altı yönünde olmasını sağla.

Yatay kırmızı sütunun üzerinde çok canlı bir yatay kırmızı sekiz başlat. Dikey sütunun üzerine de dikey kırmızı sekiz yap. Akış devam ettikçe sütunlar ve sekizler daha da ışıldasın ve artıların ucunu birleştirerek, kırmızı çapraz bir kare oluşturup toprak enerjisini tamamla. Toprak enerjisi ne kadar temizlenirse ekilecek tohumlarımız da o kadar sağlıklı ve güçlü olur.

Geçmişte ekilen eski çalı çırpılarla, eğreltiotları ve sarmaşıklarla dolu bir toprak, yeni tohumları da zayıflatabilir. Bu sebeple toprak merkezinin kırmızı frekanslarını, bulanıklık, grilik ve dumanlardan iyice temizleyerek parlatman önemlidir. İcap ederse görevini tamamlamış tüm eski inanç, bilgi ve bağlantı kökleri de kesilebilir ya da iptal edilebilir.

Şimdi sıra geldi güzellik tohumumuzu, toprak merkezimizin ortasına ekmeye. Eril ve dişil sütunlarla oluşturduğun artının ortasında bulunan toprak merkezini ellerinle eşeleyerek buraya, hayatını güzelleştirmek, güzel ifadelerle zenginleştirmek, ilişkilerine güzellik katmak, kendi güzelliğini fark etmek, hayatın güzellikleriyle buluşup, güzele güzel bakarak güzelleşmek için güzellik tohumunu ek.

Eril
(Rahman)
Dişil
(Rahim)

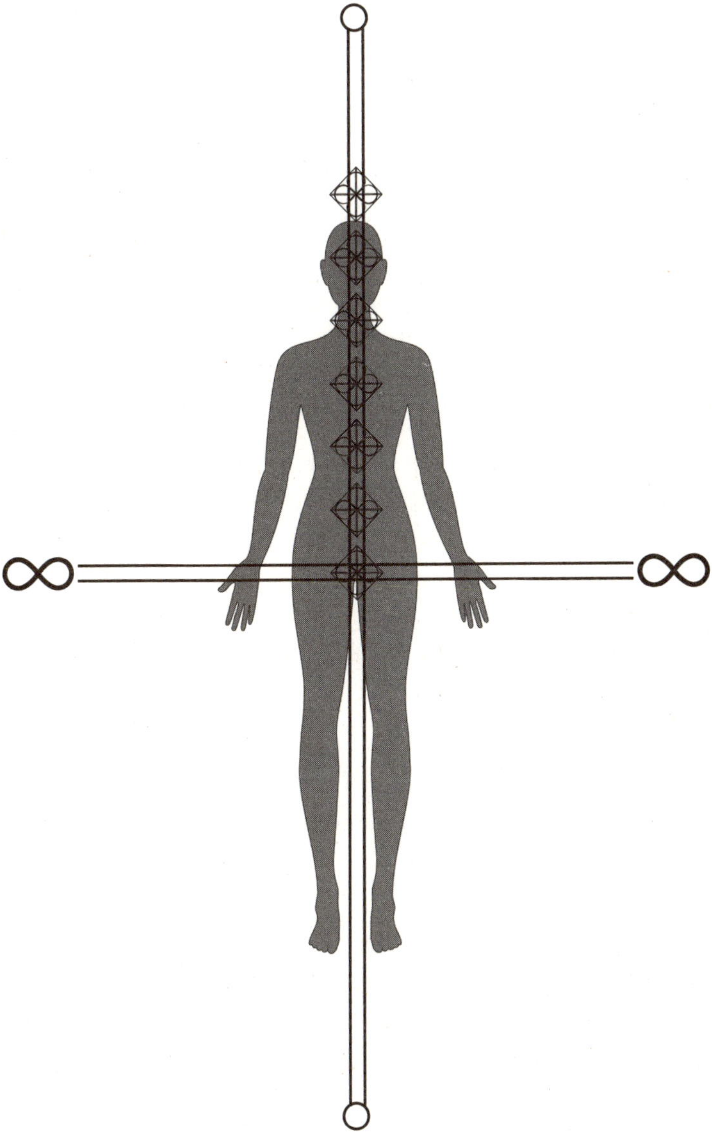

Örnek resim kök çakra içindir.
Her çakra için yatay enerji (düzlem) çapraz karenin ortasına gelecek şekilde uygulanabilir.

Tohumun üzerini toprakla kapat ve ellerinle toprağı da tohumu da sev. Müsaade et güzellik tohumun köklenmeye başlasın. Toprağın katmanlarından derinlere, oradan da dünyanın merkezindeki kırmızı çekirdeğe kadar ulaşsın kökler... Hayatın merkezinden beslensin.

Sen köklendikçe hayatındaki güzellikler artsın, güzellikler çoğaldıkça hayata daha fazla köklen. Engel olabilecek eski kökleri ve kalıpları da eline bir balta alarak kesebilir, iptal edebilir, hepsini devre dışı bırakabilirsin. Köklenmeyi hissettiğinizde evrendeki toprakla bedenindeki toprak enerjisi uyum içinde olsun.

Bir dakika boyunca uyumlanmaya izin verdikten sonra göbeğinin altında turuncu, portakal rengi bir küre oluşturabilirsin. Yukarıdan aşağıya dikey bir turuncu sütun (eril-Rahman) ve sonra bir de yatay sütunla (dişil-Rahim) birleştirip turuncu bir artı oluştur. Yatayın tam yere paralel, dikeyin de saat altı yönüne olmasını sağla. Yatay turuncu sütunun üzerine bir yatay turuncu sekiz, dikey sütunun üzerine de bir dikey turuncu sekiz yap. Artıların uçlarını buluşturup yine parlak ve canlı bir turuncu renkli çapraz kare yaparak su merkezini tamamla. Kalçanı ve leğen kemiğini kaplayan kuyruksokumu merkezli toprağına ekili olan güzellik tohumunun üzerine turuncu kürenin içindeki turuncu su enerjisi, turuncu bir yağmur olarak yağsın. Toprağın içerisinde turuncu suyla buluşan güzellik tohumunun kabuğu yumuşasın. Yumuşayan kabuğun içerisinden, yeni bir yaratımla, güzellik filizi, toprağın yüzeyine doğru fışkırsın. Korku ve endişeden özgürleştikçe güzellik artsın, güzelleştikçe güven çoğalsın. Kendine, hayata ve Yaradan'a güvendikçe hayatın güzelliklerle dopdolu olsun. Evrendeki su ve bedendeki su enerjisi denge ve uyum içerisinde olsun.

Göbeğin üzerinde, sapsarı güneş gibi parlayan ısıtıcı bir güneş oluşsun. Yukarıdan aşağıya dikey (eril-Rahman) bir sarı sütun, sarı renkli yatay bir (dişil-Rahim) sütunla kesişsin. Yatay olan tam yere paralel, dikey olan da tam saat tam altı yönünde dursun. Yatay sütunun üzerine yatay bir sarı sekiz, dikey sütunun üzerine de yine canlı bir sarıyla dikey sekiz yap. Artıların uçlarını sarı bir çapraz kareyle buluşturup ateş enerjisini tamamla. Göbek üstünde oluşan sarı ateş enerjisi bir güneş gibi tüm bedeni ve topraktan fışkırmış olan güzellik filizini ısıtsın, beslesin, büyütsün. Güneşin ısısıyla güçlenen ve büyüyen güzellik filizi önce bir fidana sonra omuz ve başından dalları fışkıracak kocaman bir güzellik ağacına dönüşsün. Güçlendikçe güzelliklerin artıyor, güzelleştikçe güçlenip, kararlarında netleşip, sana verilen gücü, gücün sahibinin adına almayı kabul ederek güçle buluşuyorsun. Evrendeki ateş ve bedendeki ateş enerjisi denge ve uyum içerisinde olsun.

Ağacın dallarından yemyeşil yapraklar fışkırarak tüm göğüskafesinde yeşil bir küre oluştursun. Bu yeşil kürenin üzerinde yukarıdan aşağıya yeşil bir dikey (eril-Rahman) sütun, sonra dikeyi kesen yeşil bir yatay (dişil-Rahim) sütun yap. Yatayı tam yere paralel, dikeyi de tam saat altı yönüne getir. Yatay sütunun üzerine yatay sekiz daha canlı yeşillerle ve dikeyin üzerine de bir dikey sekiz yapıp artıların uçlarını çapraz bir kareyle buluşturup hava enerjisini tamamla. Olanın güzelliklerini kabul edebildikçe hayatındaki güzellikler artıyor. Güzelliklerle buluştukça kendine, hayatına ve Yaradan'a olan sevgin coşarak çoğalıyor. Kendini sevdikçe kendi güzelliklerini daha iyi görmeye başlıyorsun. Sevgi ve şefkatin daha da derinleşiyor. Göğsünde yaprakların arasında, rüzgâr tatlı tatlı estikçe için daha da ferahlıyor, genişliyor. Evrendeki hava ve bedenindeki hava enerjisi denge ve uyum içerisinde olsun.

Yeşil yaprakların içinden açık mavi çiçekler fışkırıyor ve boğazında açık mavi bir küre oluşturuyor. Bu açık mavi kürenin üzerine yukarıdan aşağıya açık mavi dikey (eril-Rahman) bir sütun, ardından açık mavi yatay (dişil-Rahim) bir sütun çizerek kocaman mavi bir artı elde et. Dikey olan saat altı yönünde, yatay olansa yere paralel olsun. Yatayı tam yere paralel, dikeyi de tam saat altı yönüne getir. Yatay sütunun üzerine yatay sekiz daha canlı açık maviler ve dikeyin üzerine de bir dikey sekiz yapabilirsin. Artıların uçlarını buluşturup açık mavi bir çapraz kare yaparak esiri enerjiden oluşan ifade merkezini tamamla. İfadelerin güzelleştikçe, hayatın güzelleşiyor, hayatın güzelleştikçe, her ifadenin "ol" demek olduğunun farkındalığıyla, sözlerin de güzelleşiyor. İlahi ifade ve bedensel ifade enerjin denge ve uyum içinde olsun.

Alnının ortasında, güzellik ağacın, lacivert, küre şeklinde bir meyve vermiştir. Bu kürenin üzerine yukarıdan aşağıya dikey (eril-Rahman) bir lacivert sütun sonra yatay (dişil-Rahim) bir lacivert sütun çiz. Yatay olanı tam yere paralel, dikey olanı saat altı pozisyonuna kesiştirip, yatay sütunun üzerine yatay sekiz daha canlı lacivertler ve dikeyin üzerine de bir dikey sekiz yapabilirsin. Artıların uçlarını çapraz bir kareye alarak görücülük merkezini tamamlayabilirsin. Dönüştükçe hayatındakiler güzelliğe dönüşüyor, güzellik dönüşümü arttıkça dönüştürme ve görücülük yeteneğin artıyor. İkilikleri alnının ortasında bir görmeye başlayarak, sanki iki gözün alnının ortasında tek bir göze dönüşüyor ve olana güzel bakarak, güzel görmeye başlıyorsun. Perdelerin ve duvarların arkasını görebilme yeteneklerini hayrına ve faydana, müsaade edebildiğin ölçüde açıyorsun. Evrendeki görücülük ve bedenindeki görücülük denge ve uyum içinde olsun.

Başının üstünde güzellik meyvesi olgunlaşarak mor bir küreye dönüşüyor. Yukarıdan aşağıya dikey (eril-Rahman) mor renkli bir sütun, sonrasında yatay (dişil-Rahim) halde bir mor sütun çizerek kocaman bir artı elde et. Yatay sütunu yere tam paralel halde, dikey sütunu da saat altı pozisyonunda tut. Yatay sütunun üzerine yatay sekiz daha canlı mor ve dikeyin üzerine de bir dikey sekiz yapabilirsin. Artıların uçlarını mor bir çapraz kareyle tamamlayıp ruhsal bağlantı merkezini tamamlayabilirsin. Özünden akanı alabildikçe hayatın daha da güzelleşiyor, hayatın güzelleştikçe ruhunla olan alışverişini daha dengeli yapabiliyorsun. Bedenindeki ruhsal iletişim merkeziyle kâinatın ruhsal iletişim merkezi denge ve uyum içinde olsun.

Bir taraftan güzellik tohumunu dünyaya ve toprağın derinliklerine köklerken diğer taraftan hayat içindeki varlığını güçlendirerek, dallarınla ve meyvelerinle birlikte gökyüzüne de bağlanarak ruhsal ve maddesel akışın her iki tarafında da tam bir denge içerisinde olabilmenin, güzellikleri keşfedebilmenin ve güzelliklerle güzel bir şekilde buluşabilmenin yolu açıldı böylece.

Sen de belirlediğin hedefleri, sonucunda sana mutluluk ve huzur verecek talep tohumlarını tıpkı güzellik tohumunu toprak merkezine ektiğin gibi ekme ve filizlendirme çalışması yapabilirsin. Her hafta ya da her ay buluşmak istediğin bir güzellik tohumunu kendi tarlanda yetiştirip hasadını da gelişim, dönüşüm, bilgelik ve huzur olarak alabilirsin.

Kendine emek vererek yapacağın çalışmaların seni özünle buluşmaya götürebilir. Asıl olan muhabbet ve buluşmaktır. Kavuşmaların sana huzur versin. Buluştuğun Yaradan olsun.

Yol da yolcu da sensin... Yolun açık olsun.

Yeni Dönem Açılıyor

Hayat aynasında kendini okuyabilen için yeni bir dönem başlar. Bu bizi hayatın ritmiyle buluşmaya götürür. Nedir bu ritim ve neden buluşmak için kimi kulaklarını kapatmaya çalışırken kiminin kalbi titreşir?

Çoğunlukla görünene, şekle ve renklere takılma meylimiz vardır. Renkler ortadan kalkınca sesler daha iyi seçilir. Asıl kaçak yaşadığın anı kaçırmak, tam olarak içine doğamamaktır. Güneşin doğuşundaki güzelliğe gözlerini kapatmak gibi bir şey bu...

Bir sonraki için, içinde bulunduğundan çıktığında, için bomboş olur. Boşluğu doldurmak istedikçe hayatında boşluk kalmaz, ama içindeki boşluk da dolmaz.

Tüm bu deneyimler çoklukmuş gibi gözükürken, sakinleştiren tek bir şey varken, çok diye görünen, şekillenen o yüzden şekle takılan, çokluğun içinde kaybolur. Bu bir ormanın içinde bir böcekle randevulaşmaya benzer. Ancak böcek seni gelir bulursa buluşabilirsin. O yüzden çokluğun içerisinde arayarak değil, buluşacağınla, buluşacağın yerde, sakince orada olabilmektir, seni o buluşmaya götürecek olan. Çünkü sadece o gelip seni bulur, sen onu bulamazsın.

Yaradılış tek bir zerre ile tek gibi görünen o zerrenin sonsuz şekilleriyle şekillenirken, çokluğun içerisinde buluşmanın tek bir yolu vardır. İçinde titreşeni, içini bir an olsun fark ettiğinde, buluşmaya davet ettiğin ve seninle buluşmaya davet gönderenle buluşman için ihtiyacın olan habere haberciyi serbest bırakırsın.

O yüzden canlılar ölüme yürümez. Ölüm gelir onları bulur.

Bulunmak ve buluşmak isteyen için kişinin kendinde olması çok değerlidir. Kendinden uzağa giden için buluşmak ne mümkün? İçinde olmadığın arabayı yürütmeye çalışmak gibidir. Anahtarı elinde olsa da içinde değilsen hareket edemezsin. Bu hayatın bilgisiyse anahtar, bilgi sana kendini aktaramadığında eylemi başlatamazsın.

Hayatın ritmini duymak Allah'ın nefesini duymak gibidir. Allah'ın ritmi formdan önce gelir. Form açığa çıkıştır. Halbuki ritim, karmaşadan önceki haldir. Karmaşadan önce ritim başladı. O kendiliğinden açığa çıkacak olanın kendi ritmini duymaya başladığı andır. Form, dışı özgür bıraktı. Işık özgür kalınca çeşitlilik başladı. Çeşitlilik ile artık ritim duyulmaz oldu. Şimdi ise seyir başladı. Bu nasıl bir şeydir bilebilir miyiz, hayal edebilir miyiz?

Uzun bir süre bir yerde oturup orada olduğunu bildiğin düşünce ile buluşmak için beklemek gibidir. Ne olduğunu bilmediğini zannettiğin şeyi aslında bilirsin. Ne olduğunu bilmediğin ama orada olduğunu bildiğin ve buluşacağından emin olduğun şey... İşte o Yaradan'ın açığa çıktığı an gibidir. O bizim Tanrı dediğimizin burada kendinde olanı fark etmesi demektir. Hayatın ortaya çıkmasına izin vermesidir. İşte bizim anlayacağımız şekliyle ondan sonra akış onun için başlamıştır.

Akış hâlâ devam ediyor. Bir su kuyusunu bulmak gibidir anlattığım şey. Su kuyusunu açmak için uğraşan bu âlemin sırlarını keşfedebilir. Akış başladığında (biz ona yaratım diyoruz) açığa çıkartan, açığa çıkmayı kabul eden ve buluşan olunur.

Bizim Tanrı dediğimiz, bizim hayatımızın yöneticisidir. Dünya ötesini anlamaya çalışmak bu âlemin yöneticisine saygısızlıktır. Dünya dediğimiz boyutun anlaşılabilmesi için onun öğreticisinin, aktarıcısının veya akışı başlatanın yaratımının fark edilmesi gerekir. Ancak o izin verirse, o kapıdan ve o boyuttan diğerlerine geçilebilir. Geri kalanlar birer yanılsama ya da bir kuraldışı eylemdir. Onlar cezalandırılır. Çünkü haddi aşmışlardır. Bu boyutun ritmi için açığa çıkmayı kabul eden bu boyutun Rabbi de bir ritme bağlıdır. Orayı mevcut sınırlarımız içinde anlamamız mümkün değildir.

Her bir ortaya çıkış ortaya çıkarana bağlıdır. Bu boyuttan öteki boyutlara geçebilmek için bu boyutu tamamlamış olmamız ve Tanrı dediğimizin ritmiyle uyumlanmış olmamız gerekiyor. Onun ritmiyle, ritimle uyumlanamayan için, bedenin dışına sızan kan gibi olunur, çıkıldığı an pıhtılaşılır ve kabuğa dönüşülür. Orada düşünceleri ile donup kalakalır.

"Boyutlar arası yolculuk yapabilen var mı?" diye sorarsak, boyutlar arası yolculuk için buradaki bağlantının bitirilmiş olması gerekir. Yani, dünyanın icaplarını yerine getirip, hakkını vererek yaşayanlar için yol açıktır.

Beyni bir tür uzay aracı gibi gördüğümüzde, dünya deneyimi tamamlanmadığında, oradaki çeşitlilikler insanı ve beynindeki bilgi akışını yönetmeye başlar.

Buraya nasıl gidilir dersek şöyle söyleyebiliriz: "Bir kara aracın var ama bu denizdeki hedefine ulaşmana yardım edemez." Yani edinilmemiş birtakım özellikler olmadan görmüş olsan da bilgi aktarımı pek mümkün olmaz. Ancak ve ancak dünya ile ilgili olaylardan biraz olsun uzaklaşabilmeyi başarır da şekil ve formdan frekansı dinlemeye ulaşabilirsen kendi içindeki ritmi duyabilirsin.

O zaman bu boyutun ritmi ile buluşabilirsin. Burada bize bilginin aktarımı başlayabilir. Bu boyutla işi bitirmeyen için öteki tarafa geçmenin bir manası yoktur. Biz bunun için programlanmadığımızdan anlamamız da kolay olmuyor. Çünkü beynimizi kullanalım diye bize "merak" diye bir program verildi. Bunlar nöronlar arası haberleşme sisteminin sağladığı bir tür elektriklenmedir. O bölgeyi harekete geçirmek beynimizi diri tutmak için yapılmış bir aktivitedir.

Bizim yaptığımız ne varsa elektrik akımları ile bir tür bilgi akışının sağlanması içindir. Aslında biz ne kadar çok bilgiden uzaklaşırsak o kadar bağlantı kurabiliriz. Ancak söz konusu uzaklaşma cahillik gibi algılanmamalıdır. Eğer beyin kullanılmadan kapatılan bir hale gelirse o zaman birtakım hikâyelerde "karanlık varlıklar" diye anlatılan bölgeye geçiş yapılır ki, orası aslında hareketsizlikten dolayı birçok olasılığı içerir. Bu olasılıkların ortaya çıkışından dolayı yavaşlayan sistem, o olasılıklar ortaya çıktığında yeniden form almak için bekler. Işıkla buluşmak ve açığa çıkıp şekillenmek için.

Elbette bunlar olmayacak demek değil, sadece vakit kaybı ile ilgili bir şey. Yani bizim boyutumuzda zaman çok önemlidir. Özellikle içinde bulunduğumuz gezegende zaman birinci öncelik taşır. İşte bu aşağıya inen karanlığa doğru hareket eden enerjilerin "tehlikeli" ya da "istenmeyen" sıfatlarıyla tanımlanmasının sebebi yavaşlayıp hareketin ve nöronların birbirleriyle haberleşmesinin zorlaşmasıyla ilgili... Çünkü haberleşme ağından uzaklaşırsak ağırlaşılır ve durağanlık başlar.

Her şeyi yeniden başlatmak üzere, tekrar akışa alınabilmek için, enerjinin aktarımına ihtiyaç duyar negatif. O zaman hareketli olana ve hareketini yüksek kullanana doğru hareket etmeye başlar. Çünkü onun ihtiyacı da oradan beslenmektir. Enerjiye ihtiyaç duyar tekrardan bağlantıya geçebilmek için. İşte şimdi burada anlatmak istediğim şudur ki "sakin" diye tanımladığınız her şeyi hissedip, onun içindeki ritmi duyduğumuzda dünya deyimimizle O'nun kalp atışını duyarız.

Görsel olarak çok enerji harcadığımızda ritmi duymayabiliriz. Bu yüzden arada sırada gözkapaklarını indir. Gözkapaklarının inmesi sadece ışık uyaranı ile bağlantının kesilmesi değildir. Görme duygusu sadece ışıkla ilgili değildir. Ama ışık şekil ve formu açığa çıkartandır. Açığa çıkmış şekil ve form bizi oyalayabilir. Ama ritim hep orada durmaktadır. Ara sıra gözkapaklarını indirmek formdan ritme gelmemize yardımcı olur. Çünkü ileri boyutlarda kelimeyle aktarım olmaz. Sadece frekans ritmi aldığımızda aktarım gerçekleşir. Burada soru yoktur. Merak yoktur. Sadece katkı vardır. Bu aktarımlar başka boyutların bize desteğidir. Sadece anlamak yeterli değildir. Anlamak yerine buluşmak daha iyi gelir.

Açılan yeni dönem ritmi duyanlar içindir. Yeni dönem, başka bir hissediş vaat ediyor. Burada kulağımızla alıştığımız sesin ve ritmin dışında akan başka bir ritim var. Eğer duymak istersen kendi bedenini kulak gibi düşün, işte o zaman rahat edersin.

Bildiğin, seni bu hayata çapalar. Bildiğini kenara koy, yeniyi yenilenerek almayı dene.

Meditasyon Çalışması

Bu bölümde yazılanları sindirebilmek ve daha derinlerini idrak edebilmek için birlikte bir meditasyon yapalım.

Sessiz ve sakin bir yere ya da doğanın içinde huzurlu bir ortamda rahatça otur. Derin ve sakince burnundan nefes alıp ver. Burnundan aldığın havaya dikkatini verip havanın burun deliklerinden geçerkenki rüzgârını, havanın tazeliğini ve lezzetini, oradan burun köklerine, genzine, genzinden soluk boruna ve soluk borundan da akciğerlerine girip çıkışını takip et.

Havanın tadını canlı bir mavi gibi hayal ederek içine çek ve daha koyusunu bırak. Odağını bedenindeki organlara çekiyoruz şimdi... Önce ayak başparmaklarına, sonra ayak tabanlarına ve topuklarına odaklan. Her odaklanmanın sonunda daha sakin ve daha rahat bir nefes alıp ver.

Aşağıdan yukarıya tüm kaslarına, kemiklerine ve iç organlarına teker teker dikkatini yönelterek gezin. Her biriyle temasa geç. Özellikle yüzündeki uzuvlarına... Gözler, burun, ağız ve cilt... Hepsine sırasıyla odaklan. Son olarak kulaklarına odaklan. Kulaklarının büyümesine, sesleri daha iyi işitip içeri almasına müsaade et. Önce etrafındakilerin sonra eşyaların ve daha derindekilerin seslerine kendini aç. Kulakların adım adım öyle büyüsün ki tüm bedenin sanki iki büyük kulağa dönüşsün.

Kulağa dönüşen bedeninle bütün titreşimleri dinle. Var olan sesin içindeki sessizliği, sessizliğin içindeki sesleri duy. İçeriye aldığınla buluş. Dinlemenin tadına var. Dinlediklerinin içindeki ritmi hisset. Damarlarının içinde dolaşan kanın akışına kulak ver. Kalbinin atışına, yüreğinin çırpınışına, daha içeriye ve daha derine kulak ver. Sesleri içeriye çağır. Sakin ve huzurlu bir ev sahipliğiyle seslerin titreşimsel ahengine ev sahipliği yap. Anbean değişen, dönüşen bu akışa sen de katıl. Buluşman sana keyif versin.

Kendini hazır hissettiğinde tekrar tüm organlarını tek tek hissetmeye başla. Sonrasında yavaşça gözlerini aç. Şimdi yepyeni bir duyuş ve görüşle hayata ve yeniliklere yeniden başla.

Dünyaya yeniden hoş geldin.

Ünal Güner İletişim Bilgileri:

unalguner.com
okur@unalguner.com

Facebook.com/unalgnr

Instagram.com/unalguner

Twitter.com/unal_guner

YouTube.com/ünalgüner